十二生肖

【中国民俗文化丛书】

刘魁立 张旭 主编
吴裕成 著

中国社会出版社

图书在版编目（CIP）数据

十二生肖/吴裕成著．—北京：中国社会出版社，2006.9
（中国民俗文化丛书/刘魁立，张旭主编）
ISBN 978－7－5087－1359－5

Ⅰ．十…　Ⅱ．吴…　Ⅲ．十二生肖—文化—中国　Ⅵ．K892.21

中国版本图书馆 CIP 数据核字（2006）第 106868 号

丛 书 名： 中国民俗文化丛书
丛书主编： 刘魁立　张　旭
全案策划： 李春园
书　　名： 十二生肖
著　　者： 吴裕成
责任编辑： 李春园
出版发行： 中国社会出版社　邮政编码：100032
通联方法： 北京市西城区二龙路甲 33 号新龙大厦
电　话：（010）66080300　（010）66083600
（010）66085300　（010）66063678
邮购部：（010）66060275　电传：（010）66051713
编辑室：（010）66060097
网　　址： www.shcbs.com.cn
经　　销： 各地新华书店
印刷装订： 北京市优美印刷有限责任公司
开　　本： 155mm×225mm　16 开
印　　张： 11
字　　数： 100 千字
版　　次： 2011 年 4 月第 3 版
印　　次： 2014 年 9 月第 12 次印刷
定　　价： 18.50 元

序

中国民俗学会理事长　　刘魁立

人生活于文化之中，正像人离不开空气一样。《周易》说："观乎天文，以察时变；观乎人文，以化成天下。"无论汉语"文化"一词是否由此而来，这段话至少说明，我们的祖先向来对文化的重要性有十分清楚和极其深刻的理解。文化确乎是人之所以成为人、人类之所以成为人类的根本标志。人创造了文化，文化也创造了人，从这个意义上也可以说，人是文化的动物。

从文化本身来说，相当长一段历史时期的传统文化可以粗略地、也是相对地划分为两大分流，即所谓上层文化（或称高层文化、雅文化、精致文化……）和下层文化（或称基层文化、底层文化、低层文化、民间文化）。

民间文化是人民群众创造的最古老的文化，因为它的根源可以追溯到人类发展的初始阶段；民间文化同时也是最年轻的文化，因为它仍然活生生地存在于人民的日常生活和口碑之中。民间文化还是整个社会文化的基础，并且具有极强的生命力。上层文化往往是对民间文化选择、改造和精致化的结果。

民间文学、民间艺术是民间文化中最富色彩的一个组成部分。它在人类创造的一切艺术中，生命最活跃，涉及最广泛。它以古朴纯真的艺术手段，反映着人民群众的现实生活、理想和追求。它的无数珍品，是当之无愧的美的典范。没有了它，人类将失去多少童真的回忆；没有了它，人类的爱祖国、爱家乡将会缺少多少实际可感的具体内容；没有了它，人类的欢乐、悲伤也将变得干枯而平淡；没有了它，人类将会失掉多少生活的甘美和幽默……

万家社区图书室援建和万家社区读书活动，是建设社会主义文化和建设社会主义新农村的一项战略举措。我们，作为受到农民兄弟哺育和培养的知识界、文化界，有义务用学来的知识回报衣我食我的父老乡亲，这不仅是我们的社会责任，也是我们的荣耀。

中国民俗学会在这项重要活动中，承担有关中国民间传统文化的约50种图书的撰写工作，我们组织了学养很高的，包括大批教授、研究员在内的专家队伍，来完成此项写作任务。他们在相关领域里，学有所长，业有专攻，所有作者都以光荣志愿者的精神，以科学严谨的态度，用生动活泼的文字，把相关的准确而丰富的知识，呈献给农民兄弟和城镇社区的读者。完成这项具有重要意义的写作编书任务，是我们人生当中一件值得骄傲、值得自豪的事情。

中国民间文化是世世代代锤炼和传承的传统文化，其中凝聚着民族的性格、民族的精神、民族的真善美，是中华民族彼此认同的标志，是祖国同胞沟通情感的纽带。历史悠久、内涵丰富的传统文化也是我们中华民族对人类文化多样性发展的巨大贡献。急剧变化的时代在淘洗着传统的民间文化。在当今时代，我们尤其有必要对我们丰富淳厚、历史悠远的民俗传统立此存照，将其中的优秀部分及其真谛展示给广大民众，使他们对中华大地、对祖国同胞、对优秀的文化传统和淳厚的民俗民风怀有更深刻的眷恋、热爱和崇敬。继承和发扬中华民族创造的非常丰富而优秀的非物质文化遗产和民族精神，是我们的幸事，也是我们的历史责任。

我希望在大家的共同努力下，民间文化之花越开越鲜艳，为我们祖国、为我们中华民族赢得一个永恒的春天。

目录

第一章

十二生肖的由来

十二生肖名称多

十二生肖，古时又称十二相属。如今，人们习惯于将“相属”前后调换，以“属相”称之。仅就称谓来说，生肖文化历史积淀既厚，异名别称也多，其间信息量不小。罗列这些名称，给人以五光十色之感：

——十二兽。唐代《事始》：“黄帝立子丑十二辰以名月，又以十二名兽属之。”认为先以十二地支称月，后以十二种动物属配。

——十二禽。东汉王充《论衡·物势篇》讲四象与十二生肖，有语曰“以四兽验之，十二辰之禽效之”。十二辰之禽即十二生肖。

——十二虫。苏辙《守岁》诗：“於菟绝绳去，顾兔追龙蛇。奔走十二虫，罗网不及遮。”诗人自注“是岁壬寅”。诗中写到虎、兔、龙、蛇四种生肖，十二虫即十二生肖。

——十二神。唐代韩愈《毛颖传》写兔：“因封于卯地，死为十二神。”柳宗元《三戒》：“鼠，子神。”明代于慎行《谷山笔尘》：“十二神者，十二支所属也。”十二神即十二生肖。

——十二属。南朝人沈炯写过一首《十二属》，是现在所能见到的最早的十二生肖诗。

——十二物。《新唐书·回鹘传下》：“黠戛斯，古坚昆国也。……

以十二物纪年，如岁有寅则曰虎年。”

十二生肖

——十二时。宋代李溥《五代会要》：“文武官及庶人丧葬，三品已上明器九十事，四神十二时在内。”十二时指十二生肖。

——十二类。柳宗元《东海若》“十二类之蛲蚘”，注曰：“十二类，谓子为鼠、丑为牛之类。”蛲蚘为人肚子里的蛲虫蛔虫。

——十二像。陕西民间称十二生肖为“十二像”。

——十二支神。民国年间出版《中国明器》认为，东汉十二生肖画像砖是“后来明器中十二支神所本”。十二支神即十二生肖。

——十二辰属。《宋史·外国传八·吐蕃》：“道旧事则数十二辰属，曰兔年如此，马年如此。”

——十二辰畜。隋代王度《古镜记》：“四方外又设八卦，卦外置十二辰位而具畜焉，辰畜之外又置二十四字。”讲铜镜铸纹中的十二生肖图案。

——十二肖象。郭沫若《释支干》：“十二肖象于巴比伦、埃及、印度均有之。”

——十二肖属。明代王逵《蠡海集》：“十二肖属，子为阴极，幽潜隐晦，以鼠配之，鼠藏迹。”又说“称肖属及（地）支而不及（天）干”，意思是生肖联系着地支而与天干无关。

十二生肖

——十二相属。清代赵翼《陔余丛考》列有一条，题名“十二相属起于后汉”。

——十二辰禽象。清代李光地等奉旨编撰的《星历考原》卷二：“十二辰禽象：子鼠、丑牛、寅虎、卯兔、辰龙、巳蛇、午马、未羊、申猴、酉鸡、戌狗、亥猪。”

十二生肖可称“兽”，可称“虫”，可称“神”，可以称为“十二辰属”，等等。在这些称谓之中，沉淀着古代的俗文化和雅文化，沉淀着上古民风、近古民俗，沉淀着口头文学和书面诗文，沉淀着汉民族与其他民族的文化底蕴。

秦代简书记生肖

1975年中国考古有一项重大发现。这次考古发掘出土的一批秦代简书，让人们看到了生肖的整体亮相。这一次秦简出土，地点为湖北云梦睡虎地。

这批秦简关于十二生肖的记载，见于《日书》——选择日子吉凶的民间用书。《日书》记录的一些习俗，两千多年一直流传下来。秦代的典籍，例如，内容庞杂的《吕氏春秋》，没能记下十二生肖；可是，流传于民间的《日书》却将生肖纳入其中。这一发现，将有史料证明的生肖文化起源年代前移了二百多年。

秦简《日书》记述生肖的这一节文字题为《盗者》，讲如何捕盗，认为生肖可以提供盗者的信息。如“子，鼠也，盗者兑口希须，善弄，手黑色，面有黑色，疵在耳”。因为子属鼠，子日的盗者长相也像鼠：锐口即尖嘴，稀须，相貌似鼠；善弄，有鼠一样的机灵；手色面色黑，五行理论说子属水，色黑。此外，逢丑牛，盗者“大鼻长颈”；逢寅虎，盗者稀胡须面有黑；逢巳蛇，盗者瘦长，黑蛇目，等等，都是由生肖派生出来的特征。以上描述可以推导出这样的结论，即地支=属相=盗者特征。

生肖十二：“天之大数”

子鼠、丑牛、寅虎、卯兔、辰龙、巳蛇、午马、未羊、申猴、酉鸡、戌狗、亥猪，十二项地支配以十二种动物，构成生肖阵容。不多不少，恰恰十二大员。

以十二为单元，周而复始地轮回，而不是十一或者十，不是十三或者十四。偏偏取数十二，为什么？

生肖十二，地支十二，在奉“十二”为终极、以“十二”为完整的序数结构中，蕴涵着华夏文化的丰富内容。讨论十二生肖，不应忽略它的取数。

天干地支是中华文化的特色产物。天干取数为十，同数学的十进制正相契。有一种共识，原始人按十数数，是受到双手十指的启发。十指是天生的“数筹”，先民们通过两手手指，熟识了一个重要的自然数：十。

天干之外，又生出十二地支。从数学角度讲，它远不如以十为单元便利。然而，十二地支被沿用了几千年，依靠什么呢？

“十二”这个特殊的数字，缘于作为传统文化的成数之一，它表示“天之大数”。《左传·哀公七年》载：“周之王也，制礼，上物不过十二，以为天之大数也。”这是一个与神秘的深奥莫测的“天”相关的数字。《周礼·春官·冯相氏》说：“掌十有二岁、十有二月、十有二辰、十日、二十八星之位，辨其叙事，以会天位。”这也是讲“天”之成数——岁星以十二次为一周期，一岁有十二个月，连同十二地支、十天干、二十八星宿，它们是关乎岁序更迭、天体运行规律的数字。

古代天文学在天宇划分为十二次，岁星每年移动一次，十二年一周天，这称为一纪。一纪十二岁。一岁之中，日月十二会于东方，称为十二辰。春夏秋冬一年里，以北斗的指向确定月份，又有十二建。由此可见，古人观天文、制历法，“十二”真是“天之大数”。

“天之大数”反映着初期天文学的成就。以“十二”观天，以“十二”分岁，使人们得以描述一些最基本而又很重要的客观存在——这其中，为农业所依、农时所循的，就是对于年月岁时的认识。

古人敬天、奉天、法天，“天之大数”的影响力，自然会远远超出“天”的范畴。比如地域的界划，即使已有九州之分，也会有人出来补足十二之数。《天问》“地方九则，何以坟之？”屈原设问：天下有冀、兖、青、徐、扬、荆、豫、梁、雍九州，大禹用什么去增高地面？《山海经》的压卷之语可作答对：“帝乃命禹卒布土以定九州。”天帝让禹撒布息壤，平定九州水患。可是，禹定九州之外，还有舜分十二州的传说，从冀州分出幽、并二州，从青州分出营州。《尚书·舜典》:“肇十有二州，封十有二山，浚川。”虞舜划定十二州疆界，并在十二州的名山上封土为祭坛，疏通了河道。

“天之大数”之说见于《左传》，说明“十二”传为成数应早于该书成书时代。“十二”以“天之大数”的实力，成为渗透力极强的数字。不仅谈天说地，也用来说人。《国语·晋语四》云:“黄帝之子二十五宗，其得姓者十四人，为十二姓”。归来归去，最终归结为“十二姓”。《后汉书·荀爽传》说:“天子娶十二女，天之数也；诸侯以下各有等差，事之降也。”天子妻妾的多少也不忘着眼“天之数”。

与“十二”相关，古人还视“三十六”、“七十二”、“一百零八”为成数，例子不胜枚举。兵法讲三十六计，道教讲三十六洞天、七十二福地，行业有三十六行、七十二行。《淮南子·修务篇》“神农尝百草之滋味，一日遇七十毒”；到了《神农本草经》，就变为“神农尝百草，日遇七十二毒”。《管子·封禅》讲，古来泰山封禅君主七十二人。《太平广记》引《三秦记》传说：鲤鱼跳龙门，“一岁中，登龙门者不过七十二”。杏坛授业的孔夫子，弟子三千，七十二贤人。《史记·高祖本纪》渲染刘邦感龙而生，天生的帝王命，除了说他颜貌似龙，还有“左股有七十二黑子”这一特征。讲山水景致，黄山七十二峰，济南七十二泉，天津七十二沽。神魔小说《西游记》，猪八戒三十六变，孙悟空七十二变。《水浒传》英雄聚义，三十六天罡、七十二地煞，合为一百单八将……

“三十六”、“七十二”，包括“一百零八”，古代对于这些数字的崇尚，通常被认为是含“九”增重的结果。“九”为最大的阳数，又与“久”谐音，当然非同小可。然而，“三十六”、“七十二”还是“十二”的整倍数，这一点更为重要。百以内“九”的倍数有十一个，唯“三十六”、“七十二”同时又与“十二”存在整比关系；而“一百零八”为“三十六”与“七十二”之和，又是“十二”同“九”的乘积。因此，这些数字崇尚之中，无疑隐含着“十二”的分量。此外，“六六大顺”、“四平八稳”作为吉语，是否缘于对“十二”的分解，这也是一个饶有兴味的话题。

日月经天与干支纪岁月

太古洪荒，原始人环顾四野，仰望天空，最能引起注意的，一定是太阳和月亮。“县（悬）象著明莫大乎日月”，《易·系辞》说的就是这么一回事。

太阳结束寒夜，结束隐藏在黑暗中的恐怖。太阳带来了光明和温暖，带来了捕猎采摘以充饥肠的良辰。对原始人说来，朝霞满天，红日东升，日复一日地上演着生活的开幕式。

日升日落，月圆月亏，运动与变化为两颗天体增添了神秘，也产生了许多瑰丽的神话。《山海经·海外东经》说：“汤谷上有扶桑，十日所浴，在黑齿国北，居水中。有大木，九日居下枝，一日居上枝。”同书《大荒东经》也记：“汤谷上有扶木，一日方至，一日方出。皆载于乌。”乌，《淮南子·精神篇》“日中有踆乌”，踆乌即三足乌。大木、扶木则是神话传说中的扶桑树，其高“三百里”，十颗太阳如红彤彤的果子挂在枝叶间，并轮流跃上树梢，俯照大地。你升他降的间隙，便由黑夜来间隔。

太阳怎么会是十兄弟呢？《山海经·大荒南经》描述：“东南海之处，甘水之间，有羲和之国。有女子名曰羲和，方浴日于甘渊。羲和者，帝俊之妻，生十日。”一个庞大的家族，一个充满母爱的母亲，羲和养育了十个儿子，在甘渊为她的太阳孩子们洗澡。十日神话，应是先民们对于昼夜转换的想象，也是对于严重旱灾的一种感受。“赤日炎炎似火烧”，何况十个太阳！十日并出成了灾害的代称。

神话描绘自然界的神威，也幻想人类征服自然的伟力。《淮南子·本经篇》所记录的传说，在讲述“尧之时，十日并出，焦禾稼，杀草木，而民无所食”的惨相之后，为民除害的神话英雄上场了：“尧乃使羿……上射十日”。羿仰天控弦，一口气射掉九颗太阳。“羿焉弹日？乌焉解羽？”经屈原《天问》这么一问，使得后羿射日的故事更加圆满：羿开弓放箭，太阳里的金乌不免要羽毛纷落的。

20 世纪 70 年代初，长沙马王堆一号、三号汉墓出土了两幅 T 形帛画。两幅帛画均分天上、人间、冥间三部分。在天上部分，均画有蟾蜍、兔、月亮，居画面左侧；画有阳乌、太阳，居画面右侧，并画扶桑枝蔓簇拥着日轮。其中一号墓帛画，阳乌红日居上，八颗小太阳在下，散布于扶桑的枝蔓之间，共计大小九个太阳。

与十日神话珠联璧合，是十二月亮的故事。《山海经·大荒西经》载："有女子方浴月。帝俊妻常羲，生月十二，此始浴之。"帝俊可是个多福的天神，他不单拥有十个太阳儿子，他的妻子还为他生下十二个月亮——月属阴，这应是六双女儿了。

十日和十二月的神话，可作为探究天干地支的材料。朱熹《楚辞集注》引述"天有十日，日之数，十也"的说法，认为"此十日，本是自甲至癸耳，而传者强以为十日并出之说"。他将十日神话与十天干相提并论，认为先有甲乙丙丁十天干，后有十日并出的故事附会。

数学十进位制的发明，派生出类似"旬"的概念，影响了十日神话和十天干的产生。地支则不同。它取数十二，并非靠着数学本身的给予，而是依靠天文学对数学的运用，也就是说，是初期天文学选择了"十二"——其最重要的例子，便是至今仍通行于世的十二月历法。

认识岁时实在是一门高深的学问。在原始时代，先民们体验着寒暑交替的循环往复，为揣摩岁长，为寻找一把尺子丈量这段时间周期，他们仰观俯察，上下求索。

有聪明的观天者发现月亮盈亏的周期性规律，可以用来丈量一岁的长短，十二回（闰年为十三回）月圆为一岁。

十二月历法的发明，堪称初期天文学最辉煌的成果之一，其功当不在后稷教稼、大禹治水之下。"十二"被视为传达着天之奥秘的"天之大数"。天干需要地支为伴，日、月相对，天地相对，为"十"配伍，也就非"十二"莫属了。

十天干与十二地支相配合，有了六十甲子。六十甲子为二者的最小公倍数。殷墟出土的一块牛肩胛骨上，刻着完整的干支表——天干与地支配合，用来纪日。这就是沿用至今的六十甲子。

相传，黄帝时代发明了十天干、十二地支、六十甲子。黄帝是中华人文初祖，记在他名下的发明很多。前蜀冯鉴《续事始》说："黄帝立子丑十二辰，以名月，以名兽，配十二辰属之。""以名兽"即以十二支称动物，子鼠丑牛，等等。这不仅将十二地支的发明权，还将十二生肖的首创之权，一并记在黄帝名下。

"斗柄回寅天下春"

十二地支作为一种序数系统，古人既用来表示事物的序列关系，也表示天地方位。

天文学史讲，人类对子午线的第一次实测，是由中国唐代僧人一行实现的。子午线，采用了十二支的两支做方位标志。子为正北，午为正南，子午线是纵贯南北的经线。这条"方向线"，带着生肖文化的烙印。

关于十二支的方位意义，另有重要的两支：卯和酉。它们被用为正东、正西的标志。

纵的子午，横的卯酉，汉代《淮南子·天文训》把它们称为"二绳"。"二绳"垂直平分，形成十字交叉，可以设想它们将一个圆等分为四，也可以设想它们将一个正方形等分为四。于是，不论是天宇——古人设想天圆，还是大地——古人设想地方，都可以用这"二绳"来纵横，来分割，来定位。"二绳"撑起了方位系统的框架。在这框架间嵌入其他地支，形成十二支列据一方的格局，天空和大地便都有了十二等分的方位刻度，它们是：北方亥、子、丑，东方寅、卯、辰，南方巳、午、未，西方申、酉、戌。

古人以十二支分割空间，又以十二支分割时间。在分解"岁"这个时间单位时，十二支表示十二个月份。地支充当时间刻度，一如钟表的表盘。在分割周天、划分空间方位时，地支充当方位符号，也如钟表盘上的刻度。古代的历法，将这两种"表盘"重合起来。月份与方位总是一致的。统一两者，并在"表盘"上充当指针的，是北斗。

这种历法设计，反映了古人对于时空的宏观把握和抽象思维。因此，它并不囿于天文历法范畴，它也走入了生活，成为古代术数家占验时日、推演吉凶的理论依据。古代术数家的占验工具——栻，形象地表现了这种思维所描绘的宇宙模式。“栻”由圆形的天盘与正方地盘构成。安徽阜阳出土的漆木栻，天盘中为用做指针的七星斗勺，两圈文字，里圈列正、二、三……十二个月，外圈列二十八星宿名。地盘自内向外作三层排列，第一圈天干，第二圈地支，第三圈二十八星宿。栻的这种结构，反映了北斗星在古代宇宙模式中的重要地位。

对于北斗，今人耳熟能详的是它的定位作用，认准了它便不会迷失方向。古人还把它作为重要的授时星辰。北斗七星若勺，天枢、天璇、天玑、天权四星组成勺身，玉衡、开阳、摇光三星组成勺把，即斗柄。古人发现，斗柄的指向，一年绕天一周。于是，根据初昏时斗柄所指的方向确定季节，这就是《鹖冠子》所言：“斗柄指东，天下皆春；斗柄指南，天下皆夏；斗柄指西，天下皆秋；斗柄指北，天下皆冬。”一岁四分，有了四时。这就是四季。再细分，即十二月份。《淮南子·天文训》描绘：“帝张四维，运之以斗，月徙一辰，复反其所。正月指寅，十二月指丑，一岁而匝，终而复始。”斗柄像一个匀速转动的指针，十二支为静止的方位刻度。斗柄所指，称为“建”。斗柄指寅为建寅，建寅的月份被确定为岁首，古人便讲正月建寅。辞旧迎新春节时，人们爱说一句“斗柄回寅天下春”，讲的就是这个意思。建寅之后，斗柄移至下一个刻度，时序建卯，到了二月；再移，斗柄指辰，已是建辰三月……旋转的斗柄，沿着表示方位的十二支刻度，稳健从容、不舍昼夜地移动着。叶绿叶黄，寒来暑往，时光推移，岁月更迭。十二月建，就是十二支纪月。建辰之月、建巳之月，简化后，爽爽快快地叫辰月、巳月。

从“中华第一龙”说起

北京的中国历史博物馆，陈列品当中有着诸多中国之最，“中华第一龙”是颇有分量的一件。它是一条蚌壳摆塑的龙，经碳 14 同位素测定，为距今 6460 年以前的创作。蚌塑龙造型生动，富有动感，上半部呈波折状，兽头长尾。从构图来说，已是一条相当成熟的龙。这条龙发掘于1987年，它的出土给考古界带来很大惊喜，因为它的年代——公元前44世纪，和它的龙形之成熟，改写了中国龙文化史。

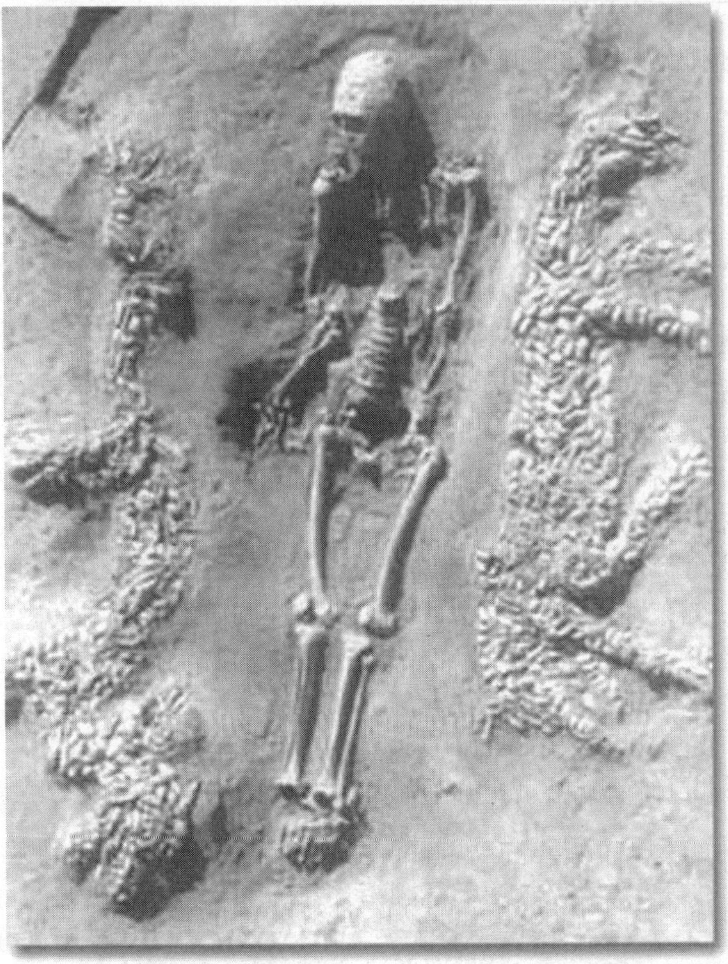

“中华第一龙”

“中华第一龙”的发掘地为河南濮阳西水坡。蚌龙长1.78米，头北尾南。其西边，与之平行地摆塑虎的图案，也是头北尾南。龙与虎脊背相对，龙虎之间隔着头南足北的墓主人。在这三者的正北，即龙头与虎头的方向，蚌壳摆塑的三角与两根人肋骨形成指针状图形。

指针状图形，以及蚌塑的龙、虎图案，如果三者分别为单独的存在，它们给予研究者的话题会减少许多。然而恰恰相反，这三者围绕墓主人，形成一种有机组合。它们的组合、它们各自的方位，使它们具有了图画之外的意义。发现之初的惊奇，引来解读者的惊喜、诠释者的惊叹：“中华第一龙”的意义，绝不仅仅在于它是时光那么遥远，造型却又那么完美的龙，而在于这龙是一幅壮观的天文星图的组成部分——图中不仅有着青龙、白虎，特别需要强调的是：还有北斗。正如冯时《星汉流年》所说，对蚌塑龙、虎遗迹的诠释，“确认北斗是一项关键工作”。

中国古典天文学的星图上，画着它的框架体系——四象二十八星宿，画着它的“枢纽构件”——北斗。

四象是由星宿组成的四种图像：青龙、朱雀、白虎、玄武。四象各居一方，东方为青龙，西方是白虎。这正与蚌龙、蚌虎的方位相契合。北斗居天宇北极附近，是古代观天文、定季节的重要星辰。斗建如一枚旋转的指针，指示着四时和月份。西水坡蚌龙蚌虎之北的指针状图形，应是北斗。因此，“中华第一龙”带来的惊喜还是属于天文学的：这条龙，与蚌虎一道，为中国天文星宿四象之说，提供了六千年前的史料证明。这条龙，不仅是造型成熟的龙，还是代表初期天文学发达水平的东方青龙！

四象图

古典天文学所面向的星空，有一条繁星汇成的河，有一片供翘首观天者检阅的广场。广场上，二十八星宿的排列，以一百五十九颗星的集结，组成田径跑道般的圈框，古人称其为四象——四组星宿构成的神灵：“苍龙连蜷于左，白虎猛踞于右，朱雀奋翼于前，灵龟圈首于后。”汉代张衡《灵宪》的描写，坐北朝南，左东右西，勾画出壮丽的图景。这是中国古代天文学描述的宇宙模式，在黄道确定二十八个星座，作为观测日月五星运行的坐标，称为二十八星宿。

二十八宿一周天，古人将东西南北划分为四宫，每宫七宿，即所谓四象，又称四兽、四神。南宫七宿被想象为一只展翅的大鸟。西宫七宿被视如老虎。北宫七宿为玄武，想象其为龟与蛇的合体。东宫七宿南北排开，被想象为一条巨龙。随着五行五方五色之说的流行，四象被着了色，分别称为青龙、白虎、朱雀、玄武。在汉代瓦当上，可见造型生动的四象。

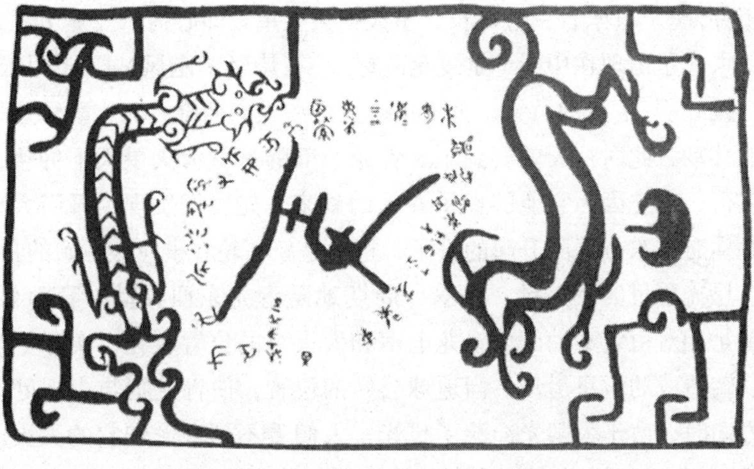

战国时代的青龙白虎二十八星宿图案

与四象相比，青龙和白虎更重要些。湖北随县战国曾侯乙墓出土的漆箱，箱盖上绘青龙白虎二十八星宿图案。画面上，青龙白虎一左一右，中间为北斗，北斗周围是二十八宿。其构图省略了朱雀和玄武，与河南濮阳西水坡蚌塑龙虎遗迹虽相隔几千年，却有异曲同工之妙。

青龙也叫苍龙，它舒展于东方，龙头向南，龙尾在北，三十颗恒星的阵容，包括角宿二星、亢宿四星、氐宿四星、房宿四星、心宿三星、尾宿九星、箕宿四星。这七宿中，角表示龙角，亢为龙颈，氐为龙头，房是龙腹，心宿是青龙之心，尾宿和箕宿为龙之尾。

青龙七宿的心宿，在古代受到特别的关注。《晋书·天文志上》讲心宿："心三星，天王正位也。"特别是被称为心宿二的那颗星，古人称其为火，或叫大火——伟大的火。这是一颗星光呈红色的星星。这颗大火星，后来演变为戏龙之珠。表现这一内容的龙戏珠图案，成为著名的传统纹饰之一。例如，为人们所熟悉的清代北京北海九龙壁，云水山石之间，龙戏火珠。

大火星成了龙珠，使它在组成青龙的三十颗恒星中脱颖而出。《尔雅·释天》："大火谓之大辰。"郭璞注："大火，心也，在中最明，故时候主焉。"心宿二醒目，一岁一周期地移动隐现于天空，成为先民观星测时的重要星辰——"时候主焉"。《尚书·尧典》："日永，星火，以正仲夏。"日永，白昼最长；星火指大火星，即心宿二。夏历五月黄昏，大火星出现在中天，是夏至的标志。《诗经·豳风》："七月流火，九月授衣。"七月的黄昏，大火星位置由中天向西降，流火表示这种向下的移动，此时秋天就要到了。青龙心部的这颗大火星天下仰望，翘首以待，首先因为它能够提示春天的到来。先民们发现，每当大火星于黄昏时在东方天际升起的日子，正好是新一轮农事应该开始的日子。

星光醒目的大火星，一岁一周期地随青龙东西移动、隐而再现。恒星是相对恒定不动的。青龙七宿和大火星的位置变化，实际上是地球公转造成的恒星运动。当地球公转的位置，使青龙宿与太阳处于同一方向时，由于太阳光冲淡了星光，人们看不到青龙和它的大火。过一段时间，地球的位置转移了，青龙重又出现。

于是，有了《说文解字》中说龙的话："春分而登天，秋分而潜渊。"

至此，该来说说辰龙之辰了。汉代许慎《说文解字》释辰："辰，震也。三月阳气动，雷电振，民农时也。"这句话中，"民农时也"，一语千钧：首先，关乎农时，这是大事；其次，"农时"前置了个"民"字，这不单单是关乎几个人或一群人的事，而是民之事、天下事。《说文》释辰，用了“震”、“振”、“農”三字，字形均含有一个“辰”。

辰为农时之说，被郭沫若称为“卓见”。他的《释支干》考证，“辰”为象形字，本来表示农耕用具，所以“農”、“蓐”等字都从辰形；同时，由于观星象定农时，星与农事大有关联，因此农具之辰，成为象形字中星辰之辰。

古人奇思妙想释生肖

讨论生肖文化的起源，离不开这样的话题：天下动物种类多多，为何偏偏选择了这十二种？

自古这就是令人思来想去的有趣问题。隋代萧吉《五行大义》就曾设问而自答：

问曰：“禽虫之例数多，何故不取麟、凤为属，乃取蚯蚓、蛇、鼠小虫？”答曰：“取十二属者，皆以其知时候气，或色或形，并应阴阳故也。麟、凤已配五灵，非是虚而不用。”又问曰：“麟、凤已配五灵，更不取者，龙、虎亦配，何为复用？”答曰：“龙动云兴，虎啸风起，此是应阴阳之气，所以须取。麟、凤虽灵，无所作动，故不重用。其十二属并是斗星之气，散而为人之命，系于北斗，是故用以为属。《春秋运斗枢》曰：‘枢星散为龙、马，旋星散为虎，机星散为狗，[权]星散为蛇，玉衡散为鸡、兔、鼠，[开]阳散为羊、牛，摇光散为猴、猿。’此等皆上应天星，下属年命也。”

先有一问，十二生肖中为什么没有麒麟和凤凰？第二问，你讲麒麟、凤凰名列“五灵”，不必再入生肖，但是龙、虎也是“五灵”，为何照样被入选十二生肖？

萧吉提供的解答，一讲生肖的选取标准，是“知时候气”的动物；二讲十二生肖“上应天星，下属年命”，它们都是“斗星之气，散而为人之命，系于北斗，是故用以为属”。萧吉具体讲到龙、虎为生肖，是因为“龙动云兴，虎啸风起，此是应阴阳之气，所以须取”，即使与“五灵”重复，也要将这二者排入生肖。《春秋运斗枢》以北斗星解释生肖，说是北斗七星散为天下十二属，七星中有的一星化为一种生肖，有的一星化为两种生肖，有的一星化为三种生肖。细心的读者会发现，其中没有说到猪。古代有种说法，北斗七星都是猪。至于上面引文中提及蚯蚓，则因为以十二生肖为骨架组成的三十六禽中，与地支巳对应的是蛇、蟮、蚯蚓。

在各种奇思妙想之中，宋、明时代古人，对比生肖动物自身的特点，给出了一种解释，形成一大类型。探求者以生肖动物本身的特点做钥匙，试图通过对十二生肖的打量端详，横看竖瞧，品头论足，悟出奥秘，打开解析生肖之谜的大门，这就是趾爪奇偶之说。清代《浪迹续谈》引宋代洪巽《阳谷漫录》：

子、寅、辰、午、申、戌俱阳，故取相属之奇数以为名，鼠、虎、龙、猴、狗五指，而马单蹄也。丑、卯、巳、未、酉、亥俱阴，故取相属之偶数以为名，牛、羊、鸡、猪皆四爪，兔两爪，蛇两舌也。

奇数为阳，偶数为阴。依十二地支的排列顺序，分出六阴六阳。生肖趾爪奇偶之论，由此附会出来。

这真难为了趾爪说的设计者。他不仅要去数虎爪鸡趾，还要勉为其难地自圆其说。以趾爪论生肖，第一个难题是蛇无足，趾爪奇数还是偶数，根本无从谈起。蛇无足，舌应之。所说“蛇两舌”，是讲蛇嘴吐出的——俗谓芯子。蛇芯子前端分叉，这就凑上了所需的双数。地支辰位居奇数，该属阳，洪巽就说龙爪五趾。其实，龙本是想象的虚拟之物，爪趾几何，全凭画龙者的涂抹或话龙者的说辞。考察古代龙的造型，三趾、四趾、五趾均有见。汉代石刻龙纹，既有三趾，也有四趾。宋代《营造法式》雕龙图形，四趾。龙爪如何画，初期并没有什么含义或忌讳，后来随着龙与皇权关系的密切，对于龙爪的讲究多起来。可是，那些讲究主要不是着眼辰在十二地支中属阳。解说辰属龙，拉出龙趾数五做证明，显然是流于牵强了。

推想生肖取象之途，还有不足形之说。宋代曾三异《因话录》说生肖，言及“鼠无胆，兔无肾，马无胃，鸡无肺”，说是子、午、卯、酉这四个地支的属相，“体皆有亏”。明代叶子奇《草木子·钩玄篇》再及此说，已然是“每肖各有不足之形焉”：

术家以十二生肖配十二辰，每肖各有不足之形焉，如鼠无牙，牛无齿，虎无脾，兔无唇，龙无耳，蛇无足，马无胆，羊无神，猴无臀，鸡无肾，犬无肠，猪无肋。人则无不足也。

虽是凑足了十二生肖，但却是很难立得住脚的。两相比较，“鼠无胆”变成了“鼠无牙”，“兔无肾”变成了“兔无唇”，“马无胃”变成了“马无胆”，“鸡无肺”变成了“鸡无肾”，竟然没有一项是不相矛盾的。

山西大同明代九龙壁

不足形之说，很难经受动物解剖学的推敲。除了“蛇无足”是实情，兔裂唇勉强归为“兔无唇”之外，古代的术数家着实地将“无中生有”来了番反其道而用之，那就叫：“有”中生“无”。比如说鸡无肾或无肺，都是不科学的。即使对于人造之龙，“龙无耳”也是不对头的。龙无耳，大约是由“聋”字生发出来的故事。宋代罗大经《鹤林玉露》记，宋孝宗问王季海：“‘聋’字何以从‘龙耳’？”答对道：“《山海经》讲：‘龙听以角，不以耳。’”这是讲，龙的听觉不依靠耳朵，而以龙角作为听觉器官。龙本是想象力的产物，古人想象的龙，似乎是有耳的。《易林》讲，牛龙耳聩。《尔雅翼》讲，龙耳似牛。依此而论，能说龙无耳？实际上，古人画龙塑龙雕龙，许多图形并没有忘记龙耳。东晋顾恺之《洛神图》，画龙有角有耳；河南嵩山少林寺宋代石阶石栏，雕龙有耳；明代大同九龙壁，龙纹有耳。《本草纲目》

东晋顾恺之 洛神图

言及“龙耳亏聪，故谓之龙”，也并没有讲龙无耳。

对于不足形说，明代即有学者提出反对意见，这便是郎瑛《七修类稿》的表述。书中写道：

地之（支）肖属十二物，人言取其不全者。予以庶物岂止十二不全者哉！予旧以地支在下，各取其足爪，于阴阳上分之。如子虽属阳，上四刻乃昨夜之阴，下四刻乃今日之阳，鼠前足四爪，象阴，后足五爪，象阳故也。丑属阴，牛蹄分也。寅属阳，虎有五爪。卯属阴，兔缺唇，且四爪也。辰属阳，龙乃五爪。巳属阴，蛇舌分也。午属火，马蹄圆也。未属阴，羊蹄分也。申猴五爪，酉鸡四爪也。戌狗五爪也，亥蹄分也。此或庶几焉。予又思蛇、兔且取唇舌，他物之足爪，亦岂无如十二物哉？

对十二生肖问题，郎瑛进行了认真的探究和思考。他否定不足形之说：“庶物岂止十二不全者？”认为它不能解答十二生肖的编排属配问题。

郎瑛也注意到趾爪阴阳之说。他曾设问：“予又思蛇、兔且取唇舌，他物之足爪，亦岂无如十二物哉？”就是说，不足形也好，趾爪数也罢，都是就十二种动物说生肖，将生肖以外的动物排除在视线之外。说虎五爪所以成了寅的属相，豹是不是五爪呢？如果虎豹皆五爪，单用五爪来解释寅虎就显得说服力不足了。

郎瑛认为应以动物习性特点来说明入选生肖的资格，这就是生肖动物习性说。虽然仍是围着阴阳绕弯弯，但所借助的不再是动物形体部件，《七修类稿》阐述了这些见解：

夫十二支固属阴阳，皆于时位上见之。《易》卦取象亦然也，惟理义之存焉耳。如子为阴极，幽潜隐晦，以鼠配之，鼠藏迹也。午为阳极，显明刚健，以马配之，马快行也。丑为阴也，俯而慈爱生焉，以牛配之，牛有舐犊。未为阳也，仰而秉礼行焉，以羊配之，羊有跪乳。寅为三阳，阳胜则暴，以虎配之，虎性暴也。申为三阴，阴胜则黠，以猴配之，猴性黠也。日生东而有西酉之鸡，月生西而有东卯之兔，此阴阳交感之义，故曰卯酉为日月之私门。今兔舐毛则成孕，鸡合踏而无形，皆感而不交者也。故卯酉属兔鸡。辰巳阳起而动作，龙为盛，蛇次之，故龙蛇配焉。龙蛇，变化之物也。戌亥阴敛而潜寂，狗司夜，猪镇静，故狗猪配焉。狗猪，持守之物也。

“子为阴极”，这里的阴，与十二支子为阴不同，是因为换了着眼点——就如前文提到的“子乃阴极生阳”。依照阴阳五行之说，子与午在方位上南北相对，一为水之盛，是阴之极；一为火之盛，是阳之极。鼠为子的肖兽，是昼伏夜出的动物，正好用来配阴极。午为马的属相，古人认为烈马驰骋，充满阳刚之气，用来配阳极，也颇有些意思。

除了将子午并举，郎瑛还将卯酉对举、丑未对举、寅申对举。每一对的两项地支，均存在对冲关系。卯、酉标东、西，那是太阳月亮升起落下的方位。至于东卯之兔在月中，西酉之鸡在日中，所谓“阴阳交感”，体现了古人有关天文的带有哲学韵味的瑰丽遐想，且待以后详说。巧的是，古代对于兔与鸡的繁殖生理，竟都存在“感而不交”的误解。这被郎瑛引入动物习性说，虽非不易之论，却也堪称精彩的一笔。丑牛与未羊这一对，一俯一仰，牛舐犊，羊跪乳。寅虎和申猴，对应中显现着反差，虎代表“阳胜则暴”，猴代表“阴胜则黠”。

剩下的，还有辰龙巳蛇、戌狗亥猪两对。辰与巳相邻，不存在对冲关系。但辰巳和戌亥，前两者东南，后两者西北，却正好是调角相对的。郎瑛认为，龙与蛇习性相类，判别仅在“龙为盛，蛇次之”。以昼夜十二时论，辰、巳是向正午过渡的时段，可谓“阳起而动作”；以一岁十二月而论，辰、巳之月份，春夏之交，正走向炎夏酷暑，也可谓“阳起而动作”，而龙蛇是变化之物，所以辰属龙、巳属蛇。对戌狗亥猪的解说，采取与辰、巳相同的路数。狗和猪都是“持守之物”，一个守夜，一个镇静。其所处时辰，已是夜晚了。

各种解说相互影响，诸说的累加，丰富了生肖文化的内容。清代刘献廷《广阳杂记》引李长卿《松霞馆赘言》，以昼夜十二时辰说生肖，就融入了前人的多种说法：

子何以属鼠也？曰：天开于子，不耗则其气不开。鼠，耗虫也。于是夜尚未央，正鼠得令之候，故子属鼠。地辟于丑，而牛则辟地之物也，故丑属牛。人生于寅。有生则有杀。杀人者，虎也。又，寅者，畏也。可畏莫若虎，故寅属虎。卯者，日出之候。日本离体，而中含太阴玉兔之精，故卯属兔。辰者，三月之卦，正群龙行雨之时，故辰属龙。巳者，四月之卦，于时草茂，而蛇得其所。又，巳时蛇不上道，故属蛇。午者，阳极而一阴甫生。马者，至健而不离地，阳类也，故午属马。羊啮未时之草而茁，故未属羊。申时，日落而猿啼，且申臂也，譬之气数，将乱则狂儿横行，故申属猴。酉者，月出之时。月本坎体，而中含太阳金鸡之精，故酉属鸡。戌时方夜，而犬则司夜之物也，故戌属犬。亥者，天地混沌之时，如百果含生意于核中，猪则饮食之外，无一所知，故亥属猪。

由子夜讲起，鼠咬天开，牛辟大地，颇显视野之宏大。解释寅属虎，着眼于“人”。人生于寅、虎吃人、人畏虎三条，都在着力将“人”与寅虎联系起来。以上对于子鼠丑牛寅虎的解释，借用了古代三才之说——三才者，天、地、人。古人认为，三才为万物之初始，是了解宇宙起源的关键所在。汉代王符《潜夫论·本训》：“天本诸阳，地本诸阴，人本中和。三才异务，相待而成。”《易·说卦》将三才作为“成卦”之本。关于生肖的解说，以天开释子鼠、以地辟释丑牛、以人生释寅虎，并把这三者排在十二生肖之初，符合三才先于万物的遐思。

接下来，以日出释卯兔，所取说法是从众的。辰属龙，龙司雨——这里借助了十二地支与月份的对应关系，而不是昼夜十二时辰。释巳蛇，属巳的月份、属巳的时辰，二者并用。正午太阳最高，并由东升转变为向西坠落，阳的极致、阴的始生，都是有关地支午的说辞。由此，讲马奔驰是阳，虽奔腾但终不离地，是阳中有阴，用马做了午的属相……《松霞馆赘言》所言，有不少内容是对前人立论的兼收。其中，用三才之说诠释子鼠丑牛寅虎，以显十二生肖的玄妙，用心可谓良苦。

为了求解十二生肖的奥秘，古人付出了不少心智。于是，就有了趾爪偶奇说、不足形说、动物习性说，有了十二月份说、十二时辰说，还有各说杂糅的解释。这些解说、虽然难说哪一种正确，但却体现了生肖文化的丰富和源远流长。

关于生肖来源的传说

十二生肖的起源，自古就是一个耐人寻味的题目。

关于十二生肖的传说故事，流传于我国许多民族。

流传很广的一则故事讲，当年轩辕黄帝遴选十二生肖，报名者众，黄帝搞公平竞争，择优录用，赛跑定取舍。参赛的动物不少，牛付出超乎其他动物的努力，争得个一牛当先。眼看就要问鼎，说时迟，那时快，关键时刻偷骑牛背的鼠跳跃冲刺，一跃而超出，窃得头名。牛本厚道，也就甘于坐亚望冠，屈居第二了。其后到达的，依次为虎、兔、龙、蛇、马、羊、猴、鸡、狗，猪排在十二名次的最末。黄帝按照此名次，配以十二地支，组成十二生肖。这段故事，鼠窃而牛憨，符合人们心目中这两种动物的形象特征，为民间所津津乐道。

在新疆察布查尔锡伯自治县，流传着十二生肖定时辰的传说。《中国传说故事大词典》载录这则传说：天神要以动物命名时辰，十二时辰用十二种动物。各路动物闻讯而至，超额很多。天神宣布半个月后天宫报名，满额为止。老牛最重此事，启程最先，到达最早，想不到却被藏在牛耳朵里的鼠抢先，第一个报了名，牛只好排在第二了，后面为虎、兔、龙、蛇、马、羊、猴、鸡、狗、猪，占满名额。以上是这个故事的前半截，听来不过“熟套子”。故事下半部，锡伯人讲到两个落选者，将自己所熟悉的事物编入传说。两个没能当上生肖的动物，一个是野鸡，它梳洗打扮耽搁太久，误了正事——锡伯人以野鸡比喻好逸恶劳的花花公子，即源于此；再一个是骆驼，它过于自信腿长步健，以为稳操胜券，失误于上路太迟，结果只能为自己的盲目自大而后悔。

新疆柯尔克孜族的有关传说，载于《柯尔克孜族风俗习惯》一书。故事讲，很早以前，有个柯尔克孜汗王率兵打仗，许多年过来，有胜也有负。他想把这些战争记录下来，但由于无纪年法，对于时间的记载成了难题。于是，他召集群臣献策，要创造纪年之法。大臣们各抒己见，最后决定以动物名称纪年。汗王号令臣民到河边围猎，将各种动物驱赶到河边，并放它们同时下水。有十二种动物先后游到对岸，依此顺序，用这十二种动物纪年。其中老鼠小巧灵活，第一个上岸，排在十二生肖之首。

羌族民间故事讲姜子牙排十二生肖，以动物过河的先后排名次。鼠附在牛尾上，让牛带着它游水。眼看靠近对岸了，鼠狠狠地咬牛尾。牛被咬痛，一甩尾巴，把鼠甩到最前面，老鼠借此得了第一。这则故事，描述鼠之可恶，已涉及狡诈的层面。

这一情节的传说，也见于纳西族东巴经《十二生肖的来历》：当初选出十二种动物纪月，这十二种动物互相争执，都想当岁首，不愿当岁尾。于是，始祖里布木马便让它们去横渡美令思吉河，以快慢顺序排名。本来水牛过得快，但狡猾的老鼠咬住牛尾巴，水牛疼得一甩尾巴，把老鼠最先甩到岸上，水牛在老鼠之后上岸，随后为虎、兔、龙、蛇等，猪排在十二种动物的最后。

十二属相中，龙的地位不会遇到挑战。龙治水，它的“资格证书”绝对过硬。当然，这并没能束缚民间文学的想象力。有一则传说讲到龙。故事说，雄鸡报晓你道是在鸣什么？那是在日出时分，向着东海鸣不平，公鸡一声声地啼叫着：“龙哥哥，还我角！……龙哥哥，还我角！……”故事讲，龙本无角，当年同鸡一道去竞选十二生肖，鸡威武而美丽，很自信。龙自觉把握不大，向鸡借得一对角，装在头上。入选后，却再不肯把角还给鸡。公鸡难忘旧账，每日清晨醒来第一件事，就是冲着东海龙王居住的方向，高声啼呼："龙哥哥，还我角！"这则民间故事，还传到了新加坡。

"选拔赛类型"的故事，并不能囊括关于十二生肖的推源传说。

彝族传说中的"有巢氏"——阿萨爷爷，应属于创世神话人物。他教人们搭屋盖房，从而告别山洞穴居的生活。又教人们盆水观星，以定时日，使得历法有了开端。可是，如何称谓今年、明年、后年呢？便想出一个办法，将一盆水放在那里，躲在一旁看什么动物来喝水。首先走到盆边的是鼠，接着是牛，随后又来了虎、兔……最后是猪，共计十二种动物。人们依此排列，借以纪年。这一传说故事，以水为中介，使观星测岁时与纪年用生肖有机地联系起来，反映了十二生肖的天文学背景。这则传说，并无"选拔赛"情节。

在云南哈尼族迁徙史诗《哈尼阿培聪坡坡》中，始祖神奥遮的女儿遮姒，是最先将野生动物驯化为家畜的神。遮姒指定了十二生肖，并定一年为十二个月。显然，遮姒是哈尼创世神话中的畜牧女神。史诗中还载有女神遮奴的传说，她是发明农业的神。在哈尼族长篇史诗《窝果策尼果》中，是遮姒、遮奴两位女神生育了十二种生肖动物。古歌中唱："遮姒生下小儿，是鼠、虎、龙、蛇、猴和兔，六个一娘生的亲兄弟，日日争吵打架。遮奴生下的小儿，是牛、马、羊、鸡、狗和猪，六个亲亲的弟兄，日日围着阿妈。"遮奴生下六畜，六个孩儿亲热对亲热。遮姒的六个孩儿均非家畜，吵闹争斗，野性对野性。为此，龙和蛇被领进大水，没有遮姒的许可，不得上岸安家。老虎总是咬水牛，遮奴对遮姒说："弟弟不认哥哥，快把老虎撵进山，不要给它下山来！"从此，虎走大山，牛站田坝。公鸡原本长着七十七层羽毛，能飞上天，但它夜半就在空中鸣叫。遮奴拔掉鸡翅七层羽毛，鸡再也上不了天，只好在地上啼晨。狗天天出门不归，遮奴磨秃它的爪和牙，让它安心守家。

哈尼族另有一则传说讲，先民居住的地方有棵奇异的参天大树，树干布满纹理，纹理呈动物图案。人们辨认出共十二种动物，于是有了十二生肖，用来纪日和纪月。

白族把十二属相称为“陋奔”，用以纪年纪日。白族传说，人类的老祖公老祖太最初长得非常难看，是鼠牛虎等十二种动物各把自己身上的一种器官给了人，鼠把自己的皮衣，牛把自己的头，虎把自己的脚……换给了人。这样一来，人变秀气了，动物变丑了。人为了报答这十二种动物，同它们结为兄弟，还把它们刻在石头上，这就是十二生肖的由来。

流传于云南澜沧县的拉祜族神话故事说，天神厄莎造了天地日月之后，帮助一对男女在葫芦里躲过洪水，从象征混沌的葫芦中走出来。这对男女生了十二对孩子，厄莎叫来虎、兔、龙、蛇、马、羊、猴、鸡、狗、猪、鼠、牛十二个动物，叫它们各自领一对去抚养。厄莎说：“你们谁养大的谁取名。”这十二对孩子，成了人的祖先。

从这类传说中，不难品出动物崇拜的况味，也可感受原始思维的余韵。因此，也就将生肖文化之源，推溯得很远很远。

我国各民族的十二生肖

我国地域广阔，人口众多，56 个民族组成中华民族大家庭。中国各民族都有着自己悠久的历史，创造了本民族的文化。各民族的文化，在历史上又是相互影响的。这种民族史文化史的大背景，决定了各民族生肖文化的总体景观：第一，生肖文化的覆盖面很广，不仅流传于汉民族，也普遍见于许多少数民族；第二，各民族的十二生肖，虽然存在不少差异变化，但基本上大同小异，应是同源的；第三，生肖文化的流传，浸染着不同民族的文化特色，正是由于各民族共同付出了创造性的努力，丰富了中国生肖文化的内容，使之异彩纷呈。

我国许多少数民族有着生肖文化传统。本书所涉及的，有柯尔克孜族、锡伯族、维吾尔族、哈萨克族、蒙古族、满族、裕固族、朝鲜族、羌族、傈僳族、普米族、仡佬族、水族、藏族、彝族、白族、瑶族、纳西族、基诺族、毛南族、哈尼族、傣族、景颇族、布朗族、德昂族、布依族、阿昌族、拉祜族、佤族、畲族、门巴族。

云南是民族大省，民间有关生肖文化的材料很丰富。20 世纪 80 年代后期出版的《云南少数民族社会历史资料调查汇编》，反映了这种情况。据这套资料汇编所载，生活在云南麻栗坡县的瑶族同胞，有正月第一个寅日忌虎的风俗。宁蒗普米族自古有崇虎风俗，生子之日若为属虎日，视为吉祥象征。罗平县布依族风俗，二月鼠日祭祀石龙山，二月马日祭祀马巴山。富源县水族，四月第一个猴日祭祀农业神。金平县拉祜族旧时年俗，节期要选择吉日，如马日、蛇日、虎日、兔日、猪日和鸡日。阿昌族历法使用十二生肖，泼水节的传统民歌有一首《十二属伴花名》。德宏傣族景颇族自治州泼水节吉祥剪纸是十二生肖围成一圈，四角为天王力士。

傣历新年十二生肖吉祥剪纸

德昂族，新中国成立后民族识别时曾沿用“崩龙”这个名称。生活在云南的德昂人以十二属相纪日。据杨毓骧《镇康、耿马德昂族的政治经济文化》调查报告，崩龙语十二属相依次为：者（鼠）、宝（牛）、依（虎）、卯（兔）、先（龙）、色（蛇）、色昂（马）、磨（羊）、桑（猴）、毫（鸡）、咩（狗）、格（猪）。

云南普米族以十二生肖纪年纪日，以虎年和虎日为吉年吉日。

贵州水族以农历九月第一个亥日为岁首。这是水族一年中最重要的节日，水语称为“借端”。

贵州仡佬族以十二生肖纪日。民间习俗，四月里逢虎日、猴日，男子赶牛到田里，犁地三转即收工回家。在赶牛来往途中，忌讳遇见妇女。

甘肃裕固族以十二生肖纪年纪日。传统习俗讲究逢虎、狗、鼠、蛇日，不搬帐篷。

东北朝鲜族岁时习俗，“捞龙卵”活动在辰（龙）日，“熏鼠火”活动在子（鼠）日。

据《巴山蜀水的民俗与旅游》记载，四川傈僳族婚姻礼俗，婚礼的日期大都选在属兔、羊、马、鼠、牛的吉日。

广西毛南族风俗，农历五月有个分龙节，节期在夏至后第一个辰日前后。辰属龙，所以祈祷风调雨顺选辰日。

畲族妇女巧于编织，彩带又称花腰带是民族特色手工艺品。花腰带的传统图案之中就有十二生肖。

西藏门巴族婚姻习俗，新娘出嫁要手执“罗科儿脚义”——意为十二属相牌，借以驱邪祈福。

海南黎族传统历法，以十二生肖纪日。1986 年出版的《海南黎族、苗族自治州概况》介绍这种传统历法：“以十二天为一周期，每天都以一种动物名称命名，类似汉族的十二地支，次序是：鸡、狗、猪、鼠、牛、虎、兔、龙、蛇、马、羊、猴日。”名目无变化，特点是以鸡开头、猴排在最后。

由于地域及文化的不同，各地、各民族的十二生肖存在一些差别。十二种属相动物的先后次序、进进出出的变化，形成不同阵容组合。这证明，即便同是用十二生肖纪年，各民族也有着不少自己的创造。

新疆柯尔克孜族是突厥语系各民族中最早运用日、月、季、年历法的民族。柯尔克孜人以十二生肖纪年，十二生肖是：鼠、牛、虎、兔、鱼、蛇、马、羊、狐狸、鸡、狗、猪。这种纪年法，柯尔克孜人至今还在使用。柯尔克孜人的十二生肖，有鱼和狐狸，而无龙和猴。鱼与龙的置换，属于同类替代。至于生肖不取猴，大约是地域物产鲜于见到猴类动物的缘故吧！历史上，维吾尔人使用阿拉伯历法，也以十二地支纪年，配十二生肖。清代肖雄《西疆杂述诗》记载："回国纪元以三百六十日为一岁，岁分十二月，配以地支，不知天干。地支亦论所属，辰则属鱼，余与中国同。"这与柯尔克孜生肖，当系同一系统。

藏族历法至今仍沿用生肖纪年法，60 年一个周期，称为"回登"。

藏传佛教绘画艺术——斯巴霍中也有十二生肖

回登，藏语义为木鼠，表示六十年的循环是从木鼠年开始的。回登相当于汉语的六十甲子——农历甲子之年，藏历正当木鼠年。藏历的生肖纪年法，具有阴阳、五行、肖兽三位一体的特点，因此有阴火兔年、阳土龙年之类的年份。比如，20世纪80年代第一春农历庚申年，邮电部发行生肖邮票以金猴为图案。这一年藏历为阳金猴年。转年农历辛酉，属鸡，藏历则为阴金鸡年。所标阴阳，不过是将十二生肖依次排出奇数偶数，猴居奇数位置，鸡居偶数位置，因此猴年为阳，鸡年为阴。至于以五行称年，则与天干相对应：甲乙为木、丙丁为火、戊己为土、庚辛为金、壬癸为水。在每一个回登周期里，每种生肖都将出现五次，每次配不同的五行，使得相同生肖有互相区别的标志。相邻的两个生肖有可能标同一种五行，如1980年和1981年均排为属金之年，分别称为阳金猴年、阴金鸡年，正对应这两年农历天干庚和辛。庚、辛之金，也称为铁。年份名称中的阴阳，通常可以省略不称，因为通过生肖本身即可以表示了。这样一来，1980年称为铁猴年、翌年称为铁鸡年，人们自然会知道它们分别为阳铁猴年和阴铁鸡年，因为十二生肖猴在奇数位上，鸡在偶数位上，这决定了是阳还是阴。

雅鲁藏布大酒店陈列的十二生肖

十二生肖纪年，蒙古语称为“阿尔本浩牙勒吉勒”。1220年，岁次庚辰，山东登州道教领袖邱处机向成吉思汗呈陈情表，末了称“龙儿年三月奏”，而不署庚辰年。蒙古族最早的历史巨著《蒙古秘史》

即以生肖纪年。书末记该书写毕的时间，写的是“鼠儿年忽阑撒拉”。忽阑撒拉，意思是雨月，也称马月。鼠儿年，据考证应是壬子年，公元 1252 年。

龙儿年、鼠儿年，是当时蒙古族纪年的习惯句式。建立元王朝以后，这种纪年句式自然不会弃置不用。始建于唐代的北京法源寺，寺内立着元朝圣旨碑一通，碑文末镌有日期：“蛇儿年二月十三日”。

1984 年，黑龙江省巴彦县临城乡顺合村出土一方“副统之印”铜印。铜印背面刻有“猪儿的八月”字样。经考证，这是金国官员蒲鲜万奴叛金自立后，投降蒙古时使用的官印。其时在元太祖十年，岁次乙亥。这似乎说明女真金人也是使用十二生肖的。当然，也有人认为，采用“猪儿年”——典型的蒙古纪年方式，蒲鲜万奴是为了“讨好蒙古，仿照蒙古当时以十二生肖纪年之制”。

满族也以生肖纪年。满文译苏轼《前赤壁赋》，“壬戌之秋”译为“黑狗之秋”。壬属水色黑。

据《云南少数民族社会历史资料调查汇编（四）》的材料记载，佤族传统历法用干支纪年纪日法，也使用六十甲子。地支，佤语叫“都禅”。十二生肖配鼠、牛、虎、兔、龙、蛇、马、羊、猴、鸡、狗、猪。子，发音读如“简”，汉译鼠；丑，读如“买”，汉译牛；寅，读如“思尾”，汉译虎；卯，读如“刚拐”，汉译兔；辰，读如“思佣”，汉译龙；巳，读如“思伟”，汉译蛇；午，读如“布笼”，汉译马；未，读如“别”，汉译羊；申，读如“日考”，汉译猴；酉，读如“雅”，汉译鸡；戌，读如“守”，汉译狗；亥，读如“厘”，汉译猪。

同书所载《耿马傣族历法调查稿》，十二生肖，子鼠丑牛，并无二致。耿马地处滇西南。居于此地方的佤族、布朗族、崩龙族，也使用傣历。

滇南西双版纳地区傣族所使用十二生肖，较耿马傣历稍有不同。那里的傣族同胞，根据当地物产特点，对十二生肖来了点“因地制宜”。其显著特点是亥属象，而非亥属猪；此外，辰的属相为蛟或大蛇，也具有地方特色。生肖排名，子为鼠，丑为黄牛，寅为虎，卯为兔，辰为蛟或大蛇，巳为小蛇，午为马，未为羊，申为猴，酉为鸡，戌为狗，亥为象。

西双版纳地区传统历法，用生肖纪年、纪月、纪日。人们借用得诸躯体的概念来称代年月日，年为“骨”，月为“血”，日为“皮”。中国历史博物馆所藏西双版纳傣文《历书与占卜》记录了这方面的内容：子年为鼠骨，丑年为黄牛骨，寅年为虎骨，卯年为兔骨，辰的为大蛇骨，巳年为小蛇骨，午年为马骨，未年为羊骨，申年为猴骨，戌年为狗骨，亥年为象骨；纪月，元月为鼠血，二月为黄牛血，三月为虎血，四月为兔血，五月为大蛇血，六月为小蛇血……十二月为象血；纪日，子日为鼠皮，丑日为黄牛皮……辰日为大蛇皮，巳日为小蛇皮……

按照这种历法形式，会有某年某月的那一天，是黄牛骨大蛇血小蛇皮的日子，或者是鼠骨虎血象皮的日子；若值辰年五月辰日，则可以说此日是大蛇骨大蛇血大蛇皮。这是一种颇为有趣的历法格式。

象入生肖行列，在既有野象也有驯象的云南，人们做出这样的选择，是容易理解的。这样的情况曾被学者记录过。在少数民族地区从事调查研究工作的学者陈志良，1940年在《说文月刊》上发表《僾俗礼记》，记录了两组生肖。其一采自广西，依次为：龙、凤、马、蚁、人、鸡、狗、猪、雀、牛、虎、蛇十二种。另一采自云南，以象开头，分别为象、牛、虎、鼠、龙、蛇、马、蚁、猿、鸡、狗、猪。两种名单均列有蚁，均未列羊，异于通常的生肖组合。采于广西的说法，龙当了一回排头兵。云南的那一组生肖名单，以雀、人为生肖，很新鲜；同时还将象排在了首位。

大象的活动地域，本来是北逾中原的，所以河南简称豫，郑州的黄河游览区也以大象为特色石雕。由于气候环境的变化，大象活动的区域南缩至我国西南地区。在那里，象被列入十二生肖，是挺自然的事。

进入十二生肖的，还有穿山甲。当代民族学家刘尧汉，彝族人，出生于云南楚雄彝族自治州南华县哀牢山。他提供的哀牢山彝族十二生肖如下：虎、兔、穿山甲、蛇、马、羊、猴、鸡、狗、猪、鼠、牛。在这套名单上，龙的位置上为穿山甲。彝族同胞对于龙做属相多有独特的设计。川、滇凉山彝族以一种长一尺的花蛇为龙；在滇南六诏山区峨山彝族自治县，以山壁虎即蜥蜴为龙。

广泛流传的传说故事，多种多样的民俗事象，体现着我国各民族的生活中生肖文化的影响。那些大同小异的十二生肖组合，又说明各民族的生肖文化应是同源的。

第二章

十二生肖与宗教

道教与十二生肖

居中阴阳鱼，周围十二生肖，这样的刻石具有典型的道教风格，它见于成都青羊宫。青羊宫中还有一尊十二生肖铜羊，是名气颇大的文物。

成都青羊宫三清殿内有两只铜羊。其中一只双角，铸于清道光年间。另一只独角，即著名的十二生肖铜羊。传说这铜羊本是南宋贾似道家中物，清代大学士张鹏翮从北京购得，赠予青羊宫。铜羊底座有铭文："京师市上得铜羊，移往成都古道场。出关尹喜似相识，寻到华阳乐未央。信阳子题。"信阳子即张鹏翮别号。这只铜羊被称为十二生肖化身，其鼠耳、牛鼻、虎爪、兔背、龙角、蛇尾、马嘴、羊胡、猴颈、鸡眼、狗腹、猪臀，十二种生肖动物各采一部分。

在成都的风物传说里，铜羊是神羊。现代作家李劼人，成都人。他于1936年出版的长篇小说《死水微澜》写到青羊宫："三清殿中，除了两壁配塑十二门徒肖像，当面的左右还各摆一个铜铸的羊子，有真羊大，形态各殊，而铸工都极精致。道士说是神羊，原本一对，走失了一只，有一只是后来配的，只有一只角，据说也通了神。设若你身上某一部分疼痛，你只需在神羊的某一部分摸一摸，包你会好，不过要出了功果钱才灵。"小说的作者对此传说保留着自己的见解，所以

成都青羊宫十二生肖铜羊

特别调侃了一句："要出了功果钱才灵。"

自古有骆驼占全十二生肖，大象全身十二生肖肉的说法。青羊宫里的铜羊集十二生肖于一身，体现了生肖文化的影响，还从一个侧面反映了道教文化包容的特点。

道观中的香炉，雕以十二生肖。宋代所辑《太平广记》引《玉堂闲话》讲述了一段神奇故事，说新浙县的真阳观有座香炉，炉顶雕有仙人像，香炉的底盘雕莲花叶十二片，每片雕一个生肖。相传这香炉是由天而降的，又能自行飞走。

二十八星宿，中国古典天文学的重要篇章。为二十八宿配上神像，这样的绘画，大约在南北朝时已经出现。南朝梁代画家张僧繇所绘《五星二十八宿真形图》，曾是北宋御府的藏画，后来散佚。如今能见到的，是唐代梁令瓒《五星二十八宿神形图》，这或许为张僧繇《五星二十八宿真形图》的临本。不该忽略的是，梁令瓒本人又是有所作为的天文学家。

《五星二十八宿神形图》的二十八宿神像，有些为动物头而人身

张僧繇　二十八宿神行图卷一

形象，但基本上还不是后来的二十八宿神图像。

山西晋城玉皇庙元代彩塑二十八宿神，为元代著名雕塑家刘元所塑，堪称古代道教造像的珍品。当地续永庆撰写的景点介绍，描写二十八宿神造像：有手臂间伏一鼠的虚日鼠，有饲豕的室火猪，有放兔的房日兔，有驯猴的觜火猴，有斗鸡的昴日鸡，有伏虎的尾火虎，有牵牛的牛金牛……这一组彩塑的艺术价值，在于塑造了不同性格的人物，并随塑相应的动物，点明身份。例如，危月燕单手托月轮飞燕，神态儒雅，若有所思；而翼火蛇剽悍勇猛，手攥长蛇，袒胸露怀，怒目圆睁。就在其侧，轸水蚓为少妇像，她用大拇指与中指捏着一条小蚯蚓，眼神充满了慈爱，与翼火蛇的狂放形成鲜明对比。娄金狗也是女像，温柔娴静，身旁有一只白狗。

为二十八宿配上动物神像，显然是对十二生肖形式的套用。明初叶子奇《草木子》讲二十八宿神：

又以十二肖同类之属分阴阳，配为二十八星，禽如虎，则配豹是也。每辰二禽，四正之辰三禽。

十二生肖每种增加相类动物一种，为二十四种；子午卯酉为四正，再多一种，总计二十八种，正合二十八宿之数。

由十二生肖派生出二十八宿神，如寅虎和卯兔派生出尾火虎、箕水豹和房日兔、氐土貉、心月狐，等等，有一个过程。值得注意的是，晋代葛洪《抱朴子·登涉》有关十二生肖的一段文字，就已涉及二十四种动物，外加老树、金玉各一项：

山中寅日，有自称虞吏者，虎也；称当路君者，狼也；称令长者，老狸也。卯日称丈人者，兔也；称东王父者，麋也；称西王母者，鹿也。辰日称雨师者，龙也；称河伯者，鱼也；称无肠公子者，蟹也。巳日称寡人者，社中蛇也；称时君者，龟也。午日称三公者，马也；称仙人者，老树也。未日称主人者，羊也；称吏者，獐也。申日称人君者，猴也；称九卿者，猿也。酉日称将军者，老鸡也；称捕贼者，雉也。戌日称人姓字者，犬也；称成阳公者，狐也。亥日称神君者，猪也；称妇人者，金玉也。子日称社君者，鼠也；称神人者，伏翼也。丑日称书生者，牛也。

葛洪是早期道教理论家之一。他鼓吹入山防鬼魅，除了要择吉日、带符箓、背铜镜等，还要知道山中精怪变化人形的情况，即上引一段文字的内容。葛洪所言，以十二地支纪日，十二支对应二十六种精怪。就数量而言，比十二生肖对应二十八星宿，仅差两项。

葛洪

这则材料，十二地支、十二相属齐全，历来为探究生肖来源者所重视。它确实是生肖文化史的珍贵材料。其每一地支的第一个对应者，“寅日，有自称虞吏者，虎也”、“卯日称丈人者，兔也”、“辰日称雨师者，龙也”、“巳日称寡人者，社中蛇也”、“午日称三公者，马也”，等等，十二地支排下来，正是完整的生肖名册。这说明，以十二支对应二十六精怪的这一套说法，是以十二生肖为框架，在生肖基础上增繁而成的。

上引葛洪记录的那一套说法，十二地支相对于二十六项，一支多则配三项，少则配一项，数量已近周天列宿二十八。这就是说，数量翻番，扩展十二生肖为二十八宿神的模式，至迟在葛洪著《抱朴子》的时代已经存在了。

天文学对于二十八星的分组，以方位划分为四组，即四陆或称四象——东方青龙七宿、西方白虎七宿、北方玄武七宿、南方朱雀七宿。因为有二十八宿神之说，于四象之外，另起炉灶的归纳组合也就出现了。打破方位的框框，从二十八宿中抽出一些星宿，以五行分类，如元杂剧《西游记》描写过火焰山的第二十出“水部灭火”，有台词说：“我差雷公、电母、风伯、雨师，箕水豹、壁水貐、参水猿等，水部神通。”箕水豹、壁水貐、参水猿，被说成“水部神通”。以木分类，如明代小说《西游记》第九十二回“四星挟捉犀牛精”，“教点四木禽星与孙大圣下界降妖”，“角木蛟、斗木獬、奎木狼、井木犴应声”。这四神，角为东方青龙第一宿，斗为北方玄武第一宿，奎为西方白虎第一宿，井为南方朱雀第一宿。由于星宿神名都含一个“木”字，被归为“四木禽星”。出于同样的想象，又有“四火禽星”、“四金禽星”，等等。明代神魔小说《封神演义》虚构这些星宿沙场布阵故事，也是四个一组。譬如“一杆大红旗，又来了四位道人，俱穿大红绛绡衣”，他们是尾火虎、室火猪、翼火蛇、觜火猴；再譬如，“一杆白旗摇动，又言四位道人出来，身穿大白衣”，他们是牛金牛、鬼金羊、娄金狗、亢金龙。这见小说第八十三回故事。

古人的奇思妙想，还编出这些星宿神现出原身的故事。《西游记》第五十五回，孙悟空、猪八戒敌不过蝎子精，观音也自知近他不得，只好让孙悟空去请昴日星官。书中描写，昴日星官现出本相——双冠子大公鸡，大公鸡对着蝎子精一声叫，蝎子精即时现了原形，是个琵琶大小的蝎子。大公鸡再叫一声，蝎子精浑身酥软，死在山坡。民俗谷雨防治蝎灾贴雄鸡画像，以鸡避蝎虫之害，那鸡被说成天上昴日鸡神。

道教还以六十个星宿神为值年太岁，称六十甲子太岁，又称六十甲子本命神，或称六十甲子本命星君。北京白云观有座元辰殿，供奉六十星宿神像，其造像以清代皇宫如意馆的六十甲子本命神图像为粉本。如意馆是清代专司宫廷绘事的机构。

六十甲子囊括了所有人的生年。对每个人来说，本人的出生年则称为本命元辰。旧时正月顺星习俗，礼拜本命元辰，即向本人出生年的星宿神祈求吉祥如意。比如属鼠人顺星，要在甲子太岁、丙子太岁、戊子太岁、庚子太岁、壬子太岁之中，找出自己生年的那一位太岁，而不是五个鼠年太岁一齐礼奉。假设某人生在壬子年，那么壬子太岁丘德大将军便是他要礼奉的本命星宿神了。

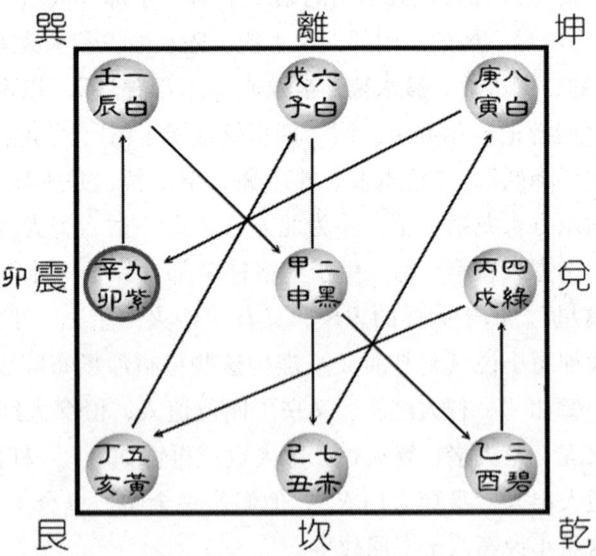

六十甲子吊宫择日法

六十甲子本命神，各有名姓，仿佛是人间英雄成了天上星宿，来做轮流值年的太岁。这些大将军的名姓，有的是可以讲出来由的。排名第一的甲子太岁姓金名辨，这“金”当取诸纳音（古乐六十音与六十甲子相配合，按金、木、水、火、土五行之序递相为宫，称为纳音）“甲子乙丑海中金”，所以甲子太岁姓金。

有的则借历史名人之名，如庚午太岁据说叫王济。王济史有其人，《晋书》写到他。王济好弓马，解马性，会相马，留下知马爱马的佳话，当时有人说他“有马癖”。他死后得“骠骑将军”封号。午为马，庚午太岁以王济充任，可见其文化内涵。

属鸡的五位太岁大将军中，己酉太岁程宝大将军也有文化蕴涵。清宫廷如意馆绘六十甲子神像，程宝慈眉善目，着浅蓝素花袍，黑鞋黑帽。程宝，大约就是陈宝。《史记》、《搜神记》等记有陈宝故事，讲在陈仓那地方出现的鸡宝，其状若雉，雌雄两只。雌者为秦所得，立祠陈宝，其地唐时称宝鸡，在今陕西；雄者飞到南阳，南阳有雉县，东汉光武帝起自南阳。

类似的情况，还有壬辰太岁董德。六十甲子神中，董姓仅出现一例，就是为壬辰冠名的董德。这应是一种有意的安排。董姓为远古时代的豢龙氏。《左传·昭公二十九年》记载：董父擅长养龙，他知道龙爱吃什么食物，吸引来许多龙。他驯养的龙，供帝舜驱使。舜赐其姓董，为豢龙氏，还在山东定陶划了一块封地给他。董姓祖先为豢龙氏，辰属龙，壬辰太岁为董德，这其间不是也可以理出一条脉络来吗？

丁亥太岁为封济大将军，头顶饰猪。封济者，封豨也。封豨为大野猪，《淮南子·本经训》讲后羿射日传说，提到“九婴、大风、封豨、修蛇，皆为民害”。又有传说，讲二十八星宿中奎宿如封豕——合体双猪，本书“‘家’中有‘豕’也有‘亥’”一节将言及。

六十甲子神的塑像，以北京白云观最为著名。白云观原名天长观，始建于唐开元年间。相传，金代时章宗完颜璟的母亲瑞圣皇后久病不愈，正月初八祈祷丁卯元辰，得解病痛。为此，建丁卯圣瑞殿，供奉丁卯元辰神像。拜本命元辰星宿神的习俗，由此大兴。白云观现存六十甲子神像为重彩泥塑，是以清代宫廷如意画馆所绘六十甲子神像为

春牛图

粉本，重新塑造的。神像均为坐像。

六十甲子星宿神的生肖意义，古人在描绘神像形象时，有意体现出来。六十种神像里，表现出生肖动物图形者有十五种，恰好四分之一。动用最多的形式为头饰，例如：丁卯头顶白兔头饰；辛未头顶白羊头饰；癸未头顶黑羊头饰；丁亥头顶猪头饰；己丑头顶黑牛头饰；乙未头顶白羊头饰；丁酉头顶红冠鸡头饰；己亥头顶黑色大耳猪头饰；丙午头顶白马头饰；壬寅头顶老虎头饰，且膝下一小虎。此外，戊辰双手握龙，壬辰双手托碧水金龙，以及癸巳手中捏蛇，为一种形式；戊午胸前马头，为一种形式。

道教六十甲子神，是不少宫观礼奉的神像。南昌著名道观万寿宫，奉祀净明道祖师、东晋著名道士许逊。相传这里是许仙人一家四十二口“拔宅飞升”之地。万寿宫夫人殿供奉六十甲子神像，塑像与白云观相同，如丁酉神像，万寿宫与白云观塑像相同。夫人殿六十甲子本命神只标干支，不标太岁姓名。

在天津，北方最大的妈祖庙——天妃宫，主殿后有六十甲子殿，塑像与白云观同一粉本。在邯郸，赵苑公园元辰殿奉六十甲子星宿神像，所塑神像均与北京白云观同一粉本。

六十甲子神殿，往往礼奉斗姥。道教以斗姥为北斗众星之母，而十二生肖又分属北斗七星。七星即“大圣北斗七元真君”，是本命真君。《道藏》的《太上玄灵北斗本命延生真经》说：“冥心望北斗稽首礼拜，念本命真君名号者，亦不虚过本命限期，皆行延生注福，系系人身，灾厄蠲除，获福无量。”北斗七星与十二生肖的对应关系是：子鼠属于北斗第一阴明贪狼星君，丑牛、亥猪属于北斗第二阴精厄门星君，寅虎、戌狗属于北斗第三真人禄存星君，卯兔、酉鸡属于北斗第四玄明文曲星君，辰龙、申猴属于北斗第五丹元廉真星君，巳蛇、未羊属于北斗第六北极武曲星君，午马属于北斗第七天冲破军星君。

礼拜本命元辰，旧时曾是一种具有民俗特点的活动。清代《燕京岁时记》说：正月“初八日，黄昏之后，以纸蘸油，燃灯一百零八盏，焚香而祀之，谓之顺星”。更大众化的顺星活动，则是在这一天去白云观祭本命元辰，烧香礼拜，祈求一年的平安。这也称为“祭星”或“求顺星”。所谓“顺星”，意思是即使不顺利的流年，通过祈祷得到本命星宿神的保护，也可转不顺为顺利。这种习俗还造就了一句俗语——“不顺星儿”，与“不顺遂”同义，表示诸事不利的无可奈何的话语，流行于京津一带。

道教祭本命灯。明代小说《金瓶梅》第六十二回，李瓶儿病危之际，曾请道士祭本命灯。小说描写：

西门庆道：“法官可解禳得么?”潘道士道：“冤家债主，须得本人，虽阴官亦不能强。”因见西门庆礼貌虔切，便问：“娘子年命若干?”西门庆道：“属羊的，二十七岁。”潘道士道：“也罢，等我与他祭祭本命星坛，看他命灯如何。”西门庆问：“几时祭?用何香纸祭物?”潘道士道：“就是今晚三更正子时，用白灰界画，建立灯坛，以黄绢围之，镇以生辰坛斗，祭以五谷枣汤，不用酒脯，只用本命灯二十七盏，上浮以华盖之仪，余无他物。官人可斋戒青衣，坛内俯伏行礼，贫道祭之。鸡犬皆关去，不可入来打搅。”

明代小说《三国演义》第一百三回“五丈原诸葛禳星”，写“孔明自于帐中设香花祭物，地上分布七盏大灯，外布四十九盏小灯，内安本命灯一盏”。这段小说故事，也反映了古代祭本命灯的风俗。

旧时民间风俗，六十甲子本命神崇拜与十二生肖本命神崇拜，并行不悖。泰山极顶的玉皇殿，左右偏殿礼奉十二本命神。一侧偏殿里，塑子鼠丑牛寅虎卯兔辰龙巳蛇神像，殿内挂三匾，中间为“寿同金石”，两旁是“积善增寿”和“德高寿长”。另一偏殿塑午马未羊申猴酉鸡戌狗亥猪神像，所悬三匾是“万寿无疆”、“长命百岁”、“延年益寿”。六横匾并非古物，反映了风俗的变化。如果说，这些大字匾具有点题作用的话，那么，以十二本命神崇拜同六十元辰崇拜相比较，不仅形式上简化了，而且内容也简化了——主要只是表达对于延伸生命长度的祈望，就如同过生日祝长寿一般。

十二地支配属相，有了十二生肖；十二地支配十天干，形成以六十为单元的干支序数系统，派生出六十甲子神。除了这两种组合之外，古人还构思出另一种组合。其取数虽然只是十二，却兼顾地支属相与天干，这便有了十二神将——道教的六丁六甲神。

六丁之丁、六甲之甲，以天干冠名，已不同于十二生肖。六丁为丁卯、丁丑、丁亥、丁酉、丁未、丁巳六神将；六甲为甲子、甲戌、甲申、甲午、甲辰、甲寅六神将，这些神像往往被描绘为兽首人身，带有生肖动物的特点，但已不同于子鼠丑牛寅虎卯兔。

六丁六甲神将是道教的护法神灵。甲乙丙丁，十干之中，甲居奇数位，属阳；丁居偶数位，属阴。六十甲子中，与甲配合的地支，均为居奇数位而属阳的地支；丁所配合的地支，均居偶数位而属阴。因此，六丁神被说成是女性神。南宋陆游《老学庵笔记》：“抚州紫府观真武殿像，设有六丁六甲神，而六丁皆为女子像。”明代以来，六丁六甲通常被描绘为披坚执锐神将形象，再不是女子形象。例如《三才图会》十二神将，甲午神将持偃月刀，丁巳神将执狼牙棒。

佛教与十二生肖

佛教由印度传入。印度古代讲不讲十二生肖，汉译佛经有关十二生肖的内容是原有的吗，是我们尚需探讨的文化课题。古代汉译佛经中的十二生肖，很可能是古代译经人为了迎合汉地文化后加进去的。

佛教有十二神将之说，他们是药师佛的侍卫。神将取数十二，与

佛经巳神图像

《药师经》相关。据说，药师佛曾发过十二大愿，要满足众生一切欲望，拔除众生一切痛苦。寺院里的药王殿供奉药师佛，除了供奉日光菩萨、月光菩萨外，另外还供奉十二员神将。

药师十二神将，又称十二神明王。十二神将神名是：招杜罗神将，子神；毘伽罗神将，丑神；宫毘罗神将，寅神；伐折罗神将，卯神；迷企罗神将，辰神；安底罗神将，巳神；摩尼罗神将，午神；珊底罗神将，未神；因达罗大将，申神；波夷罗神将，酉神；摩虎罗神将，戌神；真达罗神将，亥神。

有这样一种说法，药师十二位神将每位以一种动物为坐骑，这十二种动物正好组成十二生肖。以生肖为坐骑的十二神将，通常不画为跨骑的坐姿，画为双腿处于一侧的侧坐。这遵循了佛教人物造像的特点。有的则绘为立于生肖动物之上，如摩尼罗神将为午神，雄踞群马之上；真达罗神将为亥神，立足于猪。

再有一种形式，在神将头上表现生肖。安底罗神将为巳神，拄剑而立，头顶盘蛇；真达罗神将为亥神，仗剑赤足，额头发间画着猪首。据报道，敦煌壁画可见这样的例子。莫高窟初唐第 220 窟药师经变中，药师佛十二神将身着甲胄，头戴宝冠，宝冠饰以动物肖像，现在可见的有蛇、兔、虎等动物，这是以十二生肖对应十二神将。

第三章

细数十二生肖

鼠排第一引发的话题

生肖动物十二种，鼠的形象欠高大，却占据子丑寅卯第一位，打着“子”的旗号，做了十二属相的“排头兵”。由此，自古引出许多话题来。

清代王有光《吴下谚联》，是一部关于谚语的书。书中所录，有句民间流行语：“老鼠打头猪打末”，并录下当时人们的看法：

十二生肖不知始于何时、取于何义。猪大于鼠，鼠小于猪，奚翅尺寸！何以首尾颠倒？且以猪为末，犹可言也；以鼠为头，其谁服之？夫以龙之神灵，虎之威猛，风云拥卫之物，乃颓乎中间，虽驾猪之上，已屈鼠之下矣，岂不悖哉！素史曰：圣人行夏之时，固老虎打头牛打末也。

子鼠

江苏南京民间剪纸 子鼠

鼠小而猪大，“老鼠打头猪打末”，生出“首尾颠倒”的责难，自是正常事。并且，特别有一问，“以鼠为头，其谁服之?”又搬出了“龙之神灵”、“虎之威猛”，这两种生肖都屈居子鼠之下，真是有悖常理。所以“素史曰”：圣人推行夏历，夏历正月建寅，这不就把寅虎排在岁首，让丑牛充当年末了吗？书中的“素史曰”，是作者王有光表达见解时的“冠名”。十二种生肖依次列队，谁个第一，要看你从哪一位开始数起，由寅虎数起，子鼠就排到了倒数第二。

工艺品 鼠

十二生肖来历的故事，说鼠最多，这反映了人们的一种潜意识，总觉得以鼠的形象而居十二属相之首，真需要说道说道。

民间故事讲解十二生肖的来历，最为常见的类型，是以“竞争上岗”、报名遴选为情节。就有故事讲，黄帝选生肖，赛跑决名次。结果一牛当先，冲刺之际却被伏在牛背上的鼠一跃而超出，窃得头名。这个故事用来诠释鼠排生肖之首，流传很广。

鼠居牛先，还有其他故事“解说”。当初挑选十二生肖，老牛以勤勤恳恳的劳作而名列首选。老鼠跳出来抗议，说是以人的眼光看，鼠比牛更伟大。牛不知是计，与鼠一起上了街。牛在街上走，人们习以为常，并没予以特别的注意。老鼠猛地蹿到牛背上，却引起人们惊奇地高喊：“快看，好大的鼠！”由此，鼠抢了本该归牛的第一把交椅。

民间工艺画 鼠

借牛说鼠之外，又有一些民间故事以十二生肖有鼠而无猫作为情节主题，借猫说子鼠。有传说讲，玉皇大帝要选十二属相，令四大天王先行推举。四大天王推荐：鸡司晨，狗守门，牛耕田，马驾车，猫念经，兔拜月，龙、蛇治水，虎、猴镇山，猪、羊做牺牲，这些动物正好凑齐十二生肖。玉皇下令通知这十二种动物，正月初一到南天门，准备届时按报到先后，排出十二生肖。鼠从猫那里得知这一消息，与猫相约，要陪猫一同前去。可是，到了正月初一，鼠却偷偷地前去，玉皇看到鼠，说了句："好大的老鼠!"鼠借此抢得了第一名。猫因为等鼠同去，误了时间，落选了。这使得猫永世恨鼠，见鼠就咬。

夸实力，摆功劳，另一类子鼠故事以此立意谋篇。

有一则故事讲，当初选生肖，头轮过后，十三种动物跻身候选圈。名额限定十二位，淘汰哪一个，成了大难题。关键时刻，是鼠钻进大象鼻孔，用舍生忘死的拼搏，赶走大象，为解决"超编"难题立了头功。在这段故事里，鼠排位第一，既不是坐享其成，也不是投机取巧，而是靠着自身的实力。

哈尼族传说，远古洪荒，先民们靠采集、狩猎获取食物。哪些野果野物无毒可食、哪些有毒不可入口，当时还辨不清，因而常常中毒。后来，发现老鼠精明，虽在黑夜觅食，却从来不会选错食物。人们看鼠吃食，得知哪些果子可以充饥，哪些果子不可食用。先民们认为鼠比人还聪明，在排十二生肖时，把鼠列在首位。

另有一则流传于福建晋江的民间故事：唐三藏取经时，有一部甲子经藏在如来书库的角落，一只鼠帮助把这部经书偷出来。唐三藏为了奖赏鼠，便封鼠为十二生肖之首。这一故事构思之巧妙，在于鼠帮唐三藏偷出的，恰好是一部甲子经，而不是别的什么书。

鼠能够扯起"子"的大旗，靠了鼠的特长：咬。人们以此谈论子鼠，乾坤阴阳，万物所由，往往带着解释世界的哲学味道。

老鼠嗜啃，咬是习性。说子鼠而做"咬"的文章，却并不是就鼠论鼠，甚至不是就"子"论鼠；将子鼠与一个"咬"字拴在一起，至少动用了十二地支的四分之一，即子丑寅三支。古人以此三支为三正，如清代尤侗《看鉴偶评》所谓"子为天正，丑为地正，寅为人正"。三正本于三代岁首不同，夏正建寅，殷正建丑，周正建子。唐代张守义《史记正义》："三正，三统也。周以建子为天统，殷以建丑为地统，夏以建寅为人统也。"子丑寅，天地人，三正是一个完备的文化单元，表示一个过程，不可偏废，缺一不可。这又被说成关乎宇宙生成

民间剪纸 鼠

的玄奥所在，即如明代王逵《蠡海集》所言，“天开于子，地辟于丑，人生于寅”。子丑寅又称三建，天地人称为三才。

这曾是一个相当大众化的话题。宋代王应麟编撰《三字经》为蒙学读物，其中有“三才者，天地人”之句。清代许印芳《增订发蒙三字经》增为“天开子，地辟丑，人生寅，万事有”，讲得更细致。

子丑寅——天地人，在这样的文化常识的大背景之下，鼠居子位凭本领、靠能耐，大做“咬”的文章，居功至伟，那就是鼠咬天开。

清代刘献廷《广阳杂记》引李长卿《松霞馆赘言》，以昼夜十二时辰说生肖。“子何以属鼠也？曰：天开于子，不耗则其气不开。鼠，耗虫也。于是夜尚未央，正鼠得令之候，故子属鼠。”天开于子夜，老

鼠

鼠又称耗子，古人讲夜黑混沌之气要耗掉，这正是老鼠“得令之候”，所以子属鼠。接下来，说到了“地辟于丑，而牛则辟地之物也，故丑属牛。人生于寅……”《松霞馆赘言》从十二时辰的角度，讲昼取代夜的变化，子鼠天开、丑牛辟地，如同盘古创世一般。鼠咬天开之鼠，颇像天地混沌之间的盘古。盘古抡板斧，分开天地清浊，很有点英雄气概；鼠的开天，咬破混沌之气，虽无盘古的举动大，但来得巧妙，使的是巧劲。鼠咬破混沌，只开了天，辟地的事却没能力做了，只好留待丑牛。

白族民间传说，将盘古与子鼠丑牛融为一体，就有了“盘古在鼠年变成了天，盘生在牛年变成了地”的说法。很早很早的从前，没有天，没有地，盘古、盘生兄弟俩生出来。盘古对弟弟说，我来变天，就有了天——天从东北方变起，那是在鼠年；盘生对哥哥说，我来变地，就有了地——地从西南方变起，那是在牛年。盘古兄弟的神话，在

鼠

西南少数民族广泛流传，这些地方又有着使用十二生肖的古老传统。

鼠是一种顽强地生存于人类生活圈内的动物。鼠害是一个历史久远的存在。鼠类祸害庄稼，偷吃粮食，在刀耕火种、生产力水平低下的时代，这简直是在夺人口粮。人却奈何不得它。鼠以其小巧，以其狡黠，以其善窜，以其昼伏夜出的习性，在与人周旋的过程中，保持着自己物种的兴旺。鼠具有很强的繁殖力，一窝接一窝的小崽，足以让信仰生殖崇拜的先民感到神秘，崇拜有加。再加上虽竭尽全力，却总是不能摆脱鼠害的纠缠，于是对鼠的迷信产生。

在厌鼠、驱鼠、治鼠的同时，民间早已为鼠描画了另一种嘴脸，给它以充满童趣的形象。传统歌谣唱道：“小老鼠，上灯台，偷油吃，下不来。吱儿吱儿叫奶奶，奶奶不来，叽溜咕噜滚下来。”这样的小老鼠，在童稚的心目中，已然是动物小朋友的形象。

鼠性好聚敛。与不营巢的寒号鸟正好相反，鼠对洞穴的营造肯下工夫，鼠洞栖身，也藏粮。鼠嚼鼠咬，已是人口夺粮，鼠洞里贮藏又多，鼠害也就越发严重。有的地方，农民们甚至将开挖鼠洞，收粮、收棉，作为一种营生，可见鼠藏之量大。由此，人们以鼠——主要是古代难见的白鼠为藏神。清俞樾《茶香室丛抄》：“今人每言白鼠为藏神。”并引唐代《灵异录》说，有个叫陈大的人，夜里见到一只白鼠，就对妻子说：“众言有白鼠处即有藏。”掘地，果然得到白金五十锭。

藏神还成了仓神。清代《燕京旧俗志·岁时篇》：“相传仓神为西汉开国元勋韩信，俗称之曰韩王爷……尚有配享之神四尊：一老者，两壮者，据称为掌管升斗之神；另有一面目狞恶者，则系为流年星宿中之大耗星君，所以配享此君者，系传掌管仓中之耗子起见。”粮仓最怕老鼠（耗子），所以供奉掌管老鼠的大耗星君。

藏神、仓神，人们又假想出鼠、钱关系。清代方濬颐《梦园丛说》：“粤东有钱鼠，其吻尖，其尾长，其声若数钱然，故名。俗云，见则主人家有吉庆事。”俞樾《茶香室丛抄》补充：“常鼠亦能作数钱声，俗云朝闻之，主耗财；暮闻之，为数入，主聚财。”鼠叫吱吱，人们说那是老鼠在数钱。听见老鼠数钱之声，以晚上为佳，据说那是在数收入之钱，象征着聚财。

排名十二地支之首的“子”，沾着这样的吉祥。《汉书·律历志》说：“阴阳合德，气钟于子，化生万物者也。”把“子”的这一意义，表述得颇具中国古典哲学的味道。“子”的这一义项，再加上它的肖物——繁殖力很强的鼠，“子鼠”便有了属于自己的一份独特，代表生生不息、福祉不止，代表多子多福的祈望，成为吉祥之神。瓜果瑞鼠图、葡萄松鼠图，都是传统民俗图案。瓜与葡萄多子，鼠即子，多子多福，人们要讨的就是这样一个口彩。《子鼠图》是清末上海画家任预《十二生肖图册》中的一幅。图中五只小老鼠围着倾倒的陶罐，抢食罐里撒出的瓜子，富于动感的画面，使观画者如闻鼠叫吱吱。一种在人们意识中本属丑陋的动物，被表现得充满生活情味。

鼠

丑牛辟地

子丑寅，天地人。此六字概括开天辟地生人三件大事。牛以生肖属丑的身份，完成了第二件事——天开于子之后，地辟于丑。天地开辟，才有人，有万物化生。

清代《蕉轩随录》讲到一篇题为《书人字后解》的文章，其中说："万事万物起于牵牛。牵牛，丑也。天一地二"，"天一，乾；地二，坤。'乾'者万物资始，'坤'乃万物资生也"。几千年农耕经济所形成的观念，对于耕畜牛有着理想化了的推崇。

丑牛

关于天地开辟的传说，与鼠咬天开相比，丑牛辟地更显得质朴、实在。耕地垦田，拉犁劳作，耕牛之与土地之于稼穑之于农业，真是太密不可分了。

山西民间剪纸：丑牛

农耕社会里，牛是构成生产力的重要耕畜。考古的发现证明，早在距今约七千年的新石器时代，生活在今浙江余姚的河姆渡人，就已开始将野生水牛驯化为家畜。古代神话中有则"王亥服牛"的故事。王亥为商族的祖先，商部落后来建立了商朝。据神话记载，王亥曾赶着牛群到河北一带进行贸易。养牛最初是为了吃肉，为了祭祀，为了驾车骑乘。犁的出现，使牛成为耕畜。殷商甲骨文中常见的“犁”字，字形为牛牵引犁头启土之形。魏晋画像砖牛耕图，画于陕西三原李寿墓壁，双牛服轭，一夫掌犁。南朝砖刻《牛车图》，河南邓县出土。牛车出行，历史上曾经作为一种时尚。尽管如此，牛之为用主要还是在于农耕。

南朝砖刻《牛车图》

如今人们说生肖、逢丑年的话语，总离不开那无数次耕开春土、无数次牵来金秋的牛。陕西一些地方民俗，将为老年人庆祝生辰称为“赶牛王会”。“牛王”何谓？人们说，十二生肖中牛名列前茅，正像老年人在家庭中的地位，牛耕田有功，恰如老年人为家庭含辛茹苦作贡献。“赶牛王会”，在这风俗的传承中，展示着丑牛的光荣。

牛有雅号“黄毛菩萨”，对此，《清异录》载：“有田老不喜杀牛，曰：‘天下人吃用，皆从此黄毛菩萨身上发生。’”可见牛在庄稼汉眼里的地位。

拴牛鼻的钩环，虽是驭牛之具，却取名“宾郎”，体现着人与牛的亲和，而不是人对牛的霸气。《西游记》第五十二回写到“宾郎”，说它是法力无边的“金刚琢”所化，只有它才能牵牛而行。书中讲，太上老君的青牛偷了“金刚琢”，溜到下界，占山为王。太上老君去

民间剪纸 牛

收他，将“金刚琢”吹口仙气，穿了青牛之鼻，解下袍带，系于琢上，牵在手中。吴承恩道：“至今留下个拴牛鼻的拘儿，又名‘宾郎’。”牵牛而行，其具称为“宾郎”，以“宾”以“郎”待之，表现了人、牛和谐相亲的心理。

牛

对于牛的功劳，人的想法真有点感恩戴德的味道。牛王节、牛魂节、牛生日都成了岁时民俗的内容。贵州布依族在四月初八为耕牛过节——牛王节。大大的粽子挂到牛角上，牵牛到河边水塘，为了饮牛，也为了以水为镜，让牛看一看挂在角上的慰劳品。人敬牛德，牛通人性。人们说，当剥掉粽叶喂牛时，勤恳劳作一年又一年的老牛，往往会流出感动的泪水。

生活在湖北清江江畔的土家族，以农历四月初八为牛王节。在这一天要祭祀牛王，耕牛停工休息，喂牛以酒、鸡蛋和上等饲料。传说牛为土家人偷取仙谷，被天庭问罪，罚下凡间，与人共同耕地。

壮族以四月初八为牛魂节。每到这一天，要为牛脱轭，不能打牛——人们说若打牛，会把牛魂惊走。牛魂节这天，要为牛沐浴，然后举行敬牛仪式，唱敬牛歌，喂牛五色糯饭。

在浙江衢州一带，民俗以农历四月初八为“牛忌日”。清嘉庆年间的地方志载，逢此日牧童各采花，编挂在牛角上，嬉游田野间，薄暮始归，称为“牛放假”。

1932 年贵州《平坝县志》载，四月初八“休息耕牛，饲牛之品极丰腆，以乌桕熬水遍涂牛身，名曰‘牛带花’，更以乌米饭饲之”。这乌米饭，是“大佛诞日”的节日食品，人们吃它过节，也给牛吃。

工艺品 牛

仡佬族以十月初一为牛王节。民间有谚语：“仡家一条牛，性命在里头。”人们敬“牛菩萨”，并在十月初一为牛过节。逢此日，打扫牛圈，给牛放假，为牛洗温水澡。

在广东一些地方，称此为过牛年。清代屈大均《广东新语》：“韶州十月朔日，农家大酺，为米糍相馈，以糍粘牛角上，曰牛年。牛照水影而喜。是日，牛不穿绳，谓放闲。”

风俗重牛，民重牛，官也重牛。《汉书·龚遂传》载，龚遂任渤海太守，正赶上闹饥荒，盗贼很多。龚遂劝农，出实招，干实事，就是劝民买牛。见有持刀带剑者，也动员他卖刀买牛。结果是“吏民皆富实”，刑事案件、民事诉讼大为减少。千百年来，伴随龚遂的声名远传，“龚牛”也传为典故。苏轼有诗：“公方占贾鹏，我正买龚牛。”“龚牛”代表着农为本，务正业。汉代还有丞相问牛的故事。外出路上，有斗殴而致死致伤者，丞相丙吉不问；“逢人逐牛，牛喘吐舌”，丙吉却很关心，要过问这关乎“调和阴阳”的大事。

民间工艺画 牛

民间有宣传不吃牛的版画。画面上，以一首七言长诗排成牛形，诗句明白如话，全用耕牛口气，呼吁爱牛：“凡人听我说根由，世间最苦是耕牛。春夏秋冬皆用力，四时辛苦未曾休。犁耙肩上千斤重，麻鞭百万肩上抽。恶言恶口诸般骂，喝声快走敢停留！田土坚硬耕不动，肚中无草泪汗流。指望早晨来放我，谁知耕到午时头。饥饿口吃田中稻，全家大小骂瘟牛。一年者是吃的草，种得田禾你自收。籼米白米做饭吃，糯米做酒请亲友，麦粟棉花诸般有，芝麻豆谷满园收。娶媳嫁女做喜事，无钱又想卖耕牛。见我老来无气力，卖与屠行做菜牛。捆缚就把咽喉割，剥皮杀肉有何仇？眼泪汪汪说不出，破肚抽肠鲜血流。剥我皮来鞭鼓打，惊天动地鬼神仇。”全诗晓之以理，动之以情，情真意切地疾呼：请善待耕牛。

孔子有个学生，姓冉名耕，字伯牛。这名字，一目了然地显示着农业文明的内容。说来有趣，就是这位冉耕，后来被奉为牛王。《古今图书集成》卷五四引《蓼花洲闲录》：“有自中原来者，云北方有牛王庙，画牛于壁，而牛王居其中间。牛王为何人？乃冉伯牛也。呜呼！冉伯牛乃牛王。”

流传更广的是牛郎织女的传说。《诗经·谷风之什·大东》已有“终日七襄”的织女和“不以服箱”的牵牛。这是两组星，与启明、长庚、斗、箕等星，出现在同一诗篇里。汉代时，牛郎织女作为爱情故事被写入诗篇，《古诗十九首》中有一首：“迢迢牵牛星，皎皎河汉女。纤纤擢素手，札札弄机杼。终日不成章，泣涕零如雨。河汉清且浅，相去复几许？盈盈一水间，脉脉不得语。”由此，牛郎织女的爱情故事，一条天河隔夫妻，一年一度鹊桥会，被传讲得缠绵悱恻，令一代代后人为之洒下泪水。

汉代画像石牛郎织女星宿

传说在流传中丰富起来，人们相传牛郎本是庄稼汉，织女天仙下凡来，牛郎与织牛相厮守的那段美好时光，是在人间度过的。他们还有了一对可爱的儿女。后被王母娘娘发现，不认可，硬要把他们拆散，派天兵天神将他们拘回天国，并画出一条银河，隔开了他们。每年七月初七，鹊搭桥，牛郎织女鹊桥会。这成为传统戏曲和传统年画的常见题材。明代《程氏墨苑》所载天孙云锦图，隔着一条银河，牛郎在望，织女在织。清代苏州年画表现这一传说，牛郎、织女、鹊桥诸要素之中，还有牛立在天河畔，一副知情晓理的模样，处于画面前端，是颇为突出的。

牛郎织女染石挂匾

牛郎织女传说，以真挚的爱情动人。但寓于这一传说中的内容，除了悲欢离合以外，还应有更本原的东西。清代郑板桥《范县署中寄舍弟墨第四书》指出了它的存在及其价值："尝笑唐人《七夕》诗，咏牛郎织女，皆作会别可怜之语，殊失命名本旨。织女，衣之源也；牵牛，食之本也。在天星为最贵，天顾重之，而人反不重乎！其务本勤民，呈象昭昭可鉴矣。”

天上的星星，人间的理想——男耕女织，丰衣足食，牵牛与织女将这一社会理想写上了星空。亦温亦饱，有赖于又耕又织。牛郎织女传说，反映的正是庄稼院里自给自足小农经济的理想模式。这种模式，是属于农耕时代的一种社会理想。《汉书·景帝纪》载：“农事伤则饥之本也，女红害则寒之原也”，所以皇帝有言，“朕亲耕，后亲桑”。帝王倡导男耕女织，应归为明智之举。

牛郎织女，男耕女织。耕的典型形象是什么？是牛郎——田地间的青壮年汉子，加一头老牛。

民间剪纸 牛

当然，牛郎织女传说，被社会解读为缠绵的情话，自有生活的依据。那依据就是，人们不仅需要物质的温饱，还需要精神生活的幸福，需要爱与被爱，“愿天下有情人都成了眷属”，并且朝暮厮守。于是，便有了七月初七鹊桥会的传说。如若此日恰好降雨，人们会说那是牛郎织女滴落的泪水，相见时难别亦难啊。

“山中寅日，有自称虞吏者，虎也”

十二种生肖动物中，虎是最让古人感受到威猛与凶悍的一种客观存在。

虎的特征，就在于它是猛兽。石虎做了后赵的皇帝，要避他的名讳，称“虎”犯忌了，于是“号虎为黄猛”。“黄猛”，首一字取自虎之毛色，末一字点出虎之神。清代吴存楷《江乡节物诗》云：“杭人午日，制老虎头系小儿襟带间，示服猛也。”端午佩虎，取意也在这个“猛”。

寅虎

虎以猛兽的实力，成为山林间天生的霸主，虎为百兽之王。民间美术品的虎，不管造型如何温顺，哪怕乖猫一般，全然失去了野兽的霸气，制作者总不忘在虎的额头标个“王”字。又以“山君”称虎，那是载入《说文》的。君也是王。由此传下俗语：“山中无老虎，猴子称大王。”

晋代葛洪《抱朴子·登涉》有一段关于十二生肖的文字，很是著名，其中讲到寅虎：“山中寅日，有自称虞吏者，虎也。”这句话的意思是，逢寅之日，山野中自称“虞吏”的人，为虎精所化。虞，管理山林的官。寅虎而名虞吏，借鉴了传统文化的说法，虎为山君。据《尚书·舜典》载，帝舜要选任一个掌管草木鸟兽的官，人们一致推举伯益。帝舜很高兴，对伯益说："汝作朕虞。"司掌山林鸟兽的官职，称为虞。请注意，这虞以"虍"为义符；《说文》释虞："白虎黑文，尾长于身。仁兽，食自死之肉。"再来接着看《舜典》，"伯益稽首，让于朱（豹）、虎、熊、罴"，帝舜说："那好，你们一起去吧。""虞"这个职位，伯益要将它让给豹虎熊罴。舜就说，你同他们一道上任吧。

南非虎年邮票

寅为虎，虎有了得之于寅的雅号。南朝陶弘景的道教著作《真诰·翼真检》云："有云寅兽白齿者，是虎牙也。亦直云寅兽者，亦云寅

民间剪纸 虎

客。”寅兽、寅客均为虎。类似的别称还有“斑寅将军”——斑取自虎纹，寅取于生肖。明代神魔小说《西游记》称虎为寅将军，小说第十三回“陷虎穴金星解厄”中，有位老叟说：“寅将军者是个老虎精……”

以斑纹称虎，唐代《广异记》载：“山魈下树，以手抚虎头曰：‘斑子，我客在，宜速去也。’”斑，也作班。班固《汉书·叙传》自述班姓源于虎：“班氏之先，与楚同姓，令尹子文之后也。子文初生，弃于瞢中，而虎乳之。”子文取虎为名。“楚人谓虎为‘班’，其子以为号”，这便是班姓的来历。

工艺品 虎

虎称大虫。《水浒传》第四十三回“黑旋风沂岭杀四虎”，写李逵怒杀四只“大虫”。《庄子·至乐》“程生马”，宋代沈括《梦溪笔谈》解释：“尝观《文字注》：‘秦人谓豹曰程。’予至延州，人至今谓虎豹为‘程’，盖言‘虫’也。”沈括记录了陕西方言称虎豹为虫的情况。明代方以智《通雅》：“此中有程……秦声谓虫为程，谓虎为大虫也。”可与《梦溪笔谈》相印证。《通雅》还记“南诏谓虎为波罗，蛮人呼虎为罗罗”，连同汉代《方言》所记虎称“李父”、“李耳”、“伯都”等，有关虎的这些称谓中，或许保留着古代崇虎的风习。

比如李耳——虎的这一别名，便让文化溯源者花了许多笔墨。传《道德经》的老子，姓李名耳，又称老聃。老子叫李耳，虎也叫李耳，此李耳、彼李耳有没有关联？刘尧汉《中国文明源头初探》一书提出他个人的见解：老子的生日适值虎年或虎日，“老聃、李耳的彝意为虎首、母虎”。他认为，从汉译彝音的角度看，拉、老、李、罗等都是一声之转，老子既姓“老”又姓“李”，其义均为虎。“老聃”当是“拉塔”的变音异写，“拉”意为虎，“塔”意为时辰，“拉塔”为或虎年、或虎月、或虎日、或虎时出生。老子的取名，可能意在表示自己是虎年或虎日这样的祥年吉日所生。此中所反映的尚虎习俗，可归为原始图腾的遗风。

虎

在传统民俗中，虎具有符号意义，东汉《风俗通义·祀典》说：“虎者，阳物，百兽之长也，能执搏挫锐，噬食鬼魅。”虎充当噬鬼下肚的角色，因其为“阳物，百兽之长”，而人们通常以鬼怪为阴邪之物。

在古代，除夕门上画虎，这是比钟馗、比秦琼和尉迟恭来得早的门神。《风俗通义》讲神荼郁垒神话，并记相关风俗：“于是，县官常以腊除夕饰桃人，垂苇茭，画虎于门，皆追效于前事，冀以卫凶也。”门扇上的老虎，代表着驱除邪恶的威慑力。汉代这一风俗，开了中国民间年画的先河。

画虎辟邪的民俗一直延续下来。镇宅的神虎，成为传统年画的选题之一。民间画虎辟邪，也画虎迎祥。山东潍坊的《神虎镇宅》，虎守着聚宝盆，便是兼为二用。图上印诗一首：“猛虎雄威借山林，哮吼如雷惊鬼神。始皇敕封山王兽，持守广镇聚宝盆。”在福建，方言“虎”、“福”音近，画着五虎的年画，题之为《五福图》。

端午要喝雄黄酒祛毒、供钟馗像避恶。人们还用艾草编成小老虎，佩之戴之，求五毒远身，健康平安。安徽民间剪纸《虎吃五毒》，将蛇、蝎、蜈蚣等毒虫装在老虎的肚里边。

五福图

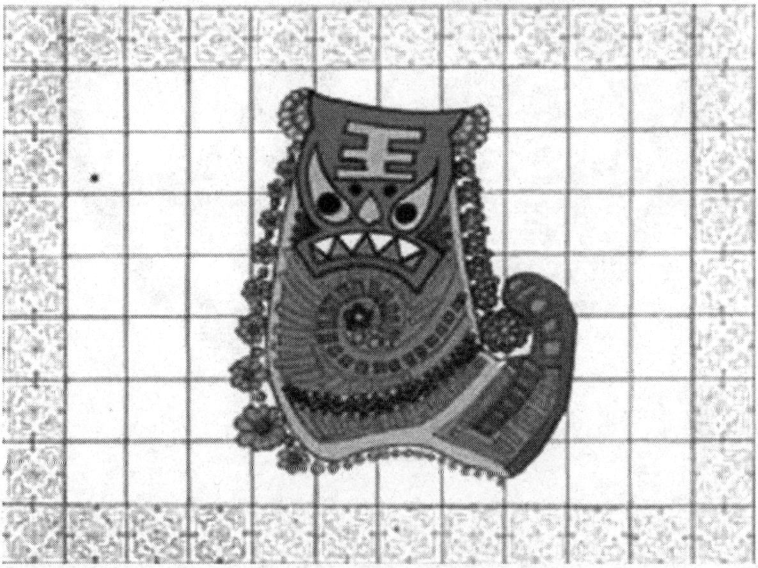

民间工艺画 虎

传统民俗离不开虎的形象。在沂蒙山区，妇女们缝制的布老虎色彩鲜艳，造型生动，是馈赠亲朋的吉祥物。谁家生孩子，送上一只布老虎，祝孩子长得虎头虎脑，吉祥物加吉祥话。那布老虎，白天是玩具，晚上做孩子的枕头。民间以为，小孩子睡虎枕，既示武猛又避邪。延安早已没有了原始大森林，没有虎迹，那里的民间剪纸却偏爱虎题材。一代代的剪纸高手，年复一年地以镂空的形式，创作着虎图案。

他们没见过虎，但爱虎，传说着虎的八面威风，看着猫，剪虎形。剪出的虎图案，贴在门上窗上墙上，绣成虎鞋虎帽，做成虎枕。那里的儿童，一身穿戴从头到脚被虎图案武装起来。

剪纸 虎

这类民间工艺品的造型，比起商代青铜礼器狞厉的虎形象，更多的是对于人的亲和。虎形象在经历了漫长时光，经过丰富的文化填充之后，由繁化简地符号化了：驱邪与祈福，这就是虎形象的民俗学含蕴。

虎虎有生气。这祝福，让寅之虎出尽了风头。

“卯酉日月门”：月兔传说

生肖阵容十二员，六畜全部入选，它们是与人的生活密切相关的动物，自然容易处于遴选十二生肖的视线之内。兔不在六畜之中，靠什么跻身十二生肖？从动物特征的角度看，兔属小动物，但它的“能量”——即便讲破坏力，也比不上更小的鼠；兔不具备虎的凶猛、蛇的可怕，因此难说它会像虎或蛇那样，给人带来强刺激；兔的体貌平平，要论给人留印象，怕是也比不过猴的伶俐且近人；生肖之中，剩下的还有龙——想象力创造的神物，龙的万众瞩目、万人传讲，更令兔望尘莫及。

卯兔

山西民间剪纸 卯兔

兔能入选十二生肖，大约靠了古代对它的文化认知。

民间剪纸 兔

兔是被列入祭祀的牲物。《礼记·曲礼》说："凡祭宗庙之礼，牛曰一元大武，豕曰刚鬣，豚曰腯肥，羊曰以柔毛，鸡曰翰音，犬曰羹献，雉曰疏趾，兔曰明视。"自牛至兔，共有八物。其中，豕与豚、鸡与雉，可以"合并同类项"，实为六类动物。祭宗庙是古代极其重要的大事，不仅被视为"唯此为大"的事情，仪礼的讲究也很多，是马虎不得的。兔被列为牲物，也就被赋予了很高的文化含量。

这些牲物，"合并同类项"之后，为牛、猪、羊、鸡、狗，还有兔。前五种，如果再加上马，正好为六畜。可见牲物的选择，主要取于人们饲养的六畜。不取马，因为在那个时代，马不仅关乎军队的战斗力，还代表国力，故有"千乘之国"、"万乘之国"的说法，炫耀国力夸马多，而不说其他家畜。比如同样具有重要价值的牛。为了祭祀，可以杀牛，却不可以拉马做牺牲。代替马做牲物的，就是兔。

工艺品 兔

六畜而缺一，兔是补缺的。以兔代马情况的出现，应该不是主观随意性的产物。我们知道，古代有以兔称马的传统。晋代《古今注》记载：秦始皇有名马七匹，一曰追风，二曰白兔，三曰蹑景，四曰奔电，五曰飞翮……追风、蹑景、奔电、飞翮，形容驰骋之速，追得上疾风，如同电闪，如同生翅而飞，甚至可以追赶光速——蹑景。上述四种骏马名称，用比拟用形容，在组词形式方面，均为偏正结构，取一个动词放在名称之首；而夹在这四个名称中间，偏有个“白兔”，不追，不蹑，不奔也不飞。相比之下，显得朴实无华——白兔之白，当是马色。至于那个“兔”，则用来表示马之骏，马的奔速、马的精神、马的风采。

民间工艺画 兔

有匹知名度很高的红马也以兔为名。此马随《三国演义》而扬名，妇孺皆知。其名“赤兔”，先是吕布的坐骑，后来驮着英雄关羽，过五关斩六将。

“兔”也不拒绝“飞”的修饰，来为骏马命名。《吕氏春秋·离俗》谈到“古之骏马”，列举两种，其一即是“飞兔”。高诱注：“日行万里，驰若兔飞，因以为名也。”

“白兔”、“赤兔”、“飞兔”这些名称，并非只是称赞那些白马、红马、杂色马，像兔子一样跑得飞快。其文化背景是，古人以东方七宿中的房宿为马的神星，房宿的方位在卯，星宿神像为房日兔。这样，在卯的方位上，以房宿为中介，马与兔有了关联。兔替代马做牲物，看来也是事出有因。

山东阳谷民间纸马：月光

道教的六丁六甲神，与生肖兔相关的丁卯神将，以司马为姓氏，明代《参筹秘书》说“其将姓司马讳文伯”，《三才图会》记为“丁卯神将名司马”。此司马者，暗含兔—卯—马三者关系。

生肖文化说卯兔，以上情况是不该被忽略的。

兔还是有关月亮神话的重要角色，嫦娥、蟾蜍和兔，被古人编织成美妙的传说。到唐时，又续上伐桂的吴刚。嫦娥是漂亮少妇形象，相传为后羿之妻。十日并出而成灾，羿射下九颗太阳，除掉祸害人民的野兽，可谓英雄壮举。英雄希望长生不老，向西王母求得“不死之药”，想不到却为此失掉了美妻——嫦娥偷吃下那灵药，飘飘然，奔月而去。

古代文化以阴阳归纳万物，与太阳相对应，称月亮为太阴。用阴阳观念来记述月亮神话，见于东汉张衡《灵宪》：“日者，阳精之宗，积而成乌，象乌，而有三趾，阳之类，其数倚。月者，阴精之宗，积而成兽，象兔蛤焉，阴之类，其数偶。其后有冯焉者。羿请不死之药于西王母，嫦娥窃之以奔月……遂托身于月，是为蟾蜍。”这反映了汉代人的想象，日乌三趾，奇数为阳；月亮既为太阴，取数当为偶，所以想象月中有两种动物——兔与蛤。蛤，指蟾蜍。《灵宪》的这段话，清代《两般秋雨庵随笔》转录，失却了蟾蜍：“月，阴之精，积而成兽，象兔，阴之类，其数偶”，再不见“象兔蛤焉”的句子。这

兔

反映了清代人唯重月兔的看法。

其实，晋代时兔已开始独自充当月魄。《太平御览》卷四引傅玄《拟天问》：“月中何有？白兔捣药。”随着时间的推移，月兔的“垄断”优势越来越明显。人们似乎不再讲求兔与蟾蜍双双寓月，不再理会以兔、蟾并称来体现“阴之类，其数偶”。兔抛开蟾蜍，单独面对日乌，一对一地唱对手戏。于是，表示日月运行、光阴流逝，便有了“兔起乌沉”、“兔走乌飞”、“兔缺乌沉”之类颇具形象的词语。“兔宫”、“兔阙”、“兔窟”、“兔轮”、“兔华”、“兔辉”，都被用来称月亮。

唐代苏鹗《苏氏演义》说：

兔十二属配卯位，处望日，月最圆，而出于卯上。卯，兔也。其形入于月中，遂有是形。

月到十五分外圆，这是举头望明月，遐想广寒宫的良辰——那斑驳的月景，是玉兔在捣药吗？兔、月、卯的关系，就以月圆之时为说词。兔与卯，自不待言；月与卯的关系，则在于每逢十五，月圆由东方卯之位升起。卯位上有兔，兔形进入月亮，于是圆月里面有了令人驰思的图案。

兔形入月之说，还须与酉鸡并举，方见古人解释宇宙想象之奇特。在古人看来，日中金鸡、月中玉兔东西相望，酉与卯如一根绳——古人称此为“对冲”，联结着天体神话中的这一对双璧。宋代陆佃《埤雅》说日鸡月兔，表述了颇具代表性的看法：

旧说日中有鸡，月中有兔。按鸡正西方之物，兔正东方之物，大明生于东，故鸡入之，月生于西，故兔入之。此犹镜灯，西象入东镜，东象入西镜。

酉鸡方位正西，但却做了东方太阳里的灵物，卯兔方位正东，却做了西方月亮中的灵物。陆佃想象，这就如同西边燃烛映入东边的镜中，东边点灯西边的镜子里映着光亮。卯兔、酉鸡，月亮、太阳，它们之间的关系，仿佛东、西错位。然而，古人以点石成金般的智慧，举重若轻，引入镜与灯的比喻，轻而易举地把难题解决了。当然，这只是一种美妙而奇特的想象。

明代周婴《卮林》论生肖，将日中鸡月中兔阐发得更加周全：

月无光，而溯日为明，世所知也。天有十二辰，列于方者，有神司其位。日出在东，其对在酉，酉为鸡，日光含景，则鸡在日中。及运而西，则对在卯，卯为兔，月光含景，则兔在月中。月有兔形，何足异哉？人知日中乌，而不知为鸡；知月中有兔，不知兔自日以传形也。

周婴解释说，月亮自身不发光，月有光亮，靠反射日光。十二辰排列于十二个方位，十二神即十二生肖各主其所在的方位。太阳东升，对着正西的酉，酉的属相是鸡，日光中有影子，那便是西方酉位之神——鸡，映入了太阳。太阳西落之时，正对着东方的卯，卯的属相是兔。月亮上有影子，那是东方卯位之神——兔，被映到月亮中。

太阳、月亮，东方、西方，还有卯兔与酉鸡，就这样被仰观俯察、推演穷究天地之理的古人融为一个大系统，酉之金鸡，卯之玉兔，成为系统中一对可爱的精灵。明代郎瑛《七修类稿》说：

剪纸 兔

日生东而有西酉之鸡，月生西而有东卯之兔，此阴阳交感之义，故曰酉卯为日月之私门。

“日生东而有西酉之鸡，月生西而有东卯之兔”，鸡与兔正好调换位置。是错置吗？答案是：不，正该如此，因为这恰好可以体现“阴阳交感之义，故曰酉卯为日月之私门”。卯、酉为日月之门，是基于日月升落而生发的联想。

古代将太阳初升和隐落的时刻，分别纪为卯时、酉时。晋代杜预为《左传》注解，将昼夜十时径释为一天十二个时辰。“日出者”卯时，“日入者”酉时。再加上十二地支还具有空间方位的意义，便形成了时空的重叠：卯时日出，日出的方位正东，以地支标之，在卯。酉与卯，连同它们的生肖物鸡和兔，由此被纳入瑰丽的天体神话传说中。

龙，生肖中唯一的虚拟动物

生肖动物十二种，辰龙是一个特例。不同于子鼠、丑牛等属相，它不是实有的动物，是文化造就的灵物。

辰龙

世界本无龙，现在没有，古时也没有。然而，古人却可以看到“龙”。如果以为龙的神话传说都是闭目遐想的编造，那就错了。追寻龙的来历会发现，古人看到的龙、描述的龙，其实是不一样的。

龙是多元的组合，龙的创造也是多元的、复合的。各种各样的触媒，激发此时彼时的灵感，各种各样的想象，激动了天南海北的人。多形多状的“龙”，

山东民间剪纸 辰龙

经过绘声绘色的渲染，加入神异奇妙的夸张，融合，叠加，升华，跨时间跨地域，许多代人的共同智力完善了龙的创造：从龙的造型，到龙的灵气、龙的精神。

探讨龙的原型，有“雷电说”、“虹霓说”、“蟒蛇说”、“鳄鱼说”，等等。在20世纪80年代，河南濮阳西水坡发现了蚌塑的所谓“中华第一龙”，有人引为“鳄鱼说”的证明。其主要看法是：这是一组龙虎蚌塑，既然虎形蚌塑几乎完全是写实的，龙形蚌塑也应该写实，这样才合乎逻辑。需要为“第一龙”指认一种实有的动物，不少学者赞成那是鳄鱼，据说造型上也颇像。可是，难以回避的是西水坡的蚌塑虎四条腿，蚌塑龙却只有两条腿，而鳄鱼应为四条腿。因此，有了这样一种解释，鳄鱼爬行时腹部贴地，侧视只见两条腿。但此解释过于牵强。因为，西水坡遗址还出土了另一组人乘龙与奔虎蚌塑。濮阳西水坡遗址考古队的发掘简报说：人骑龙摆塑“龙头朝东，背朝北，昂首，长颈，舒身，高足，背上骑有一人，也是用蚌壳摆成，两足跨在龙背上”。这条龙舒身高足，腿立很高，绝非爬行贴地的状态，但与“第一龙”一样，也塑为两条腿。与此龙为伴的虎，则照旧塑为四条腿。这说明，在摆塑蚌龙的先民心目中，虎四腿，而龙就该是两条腿——这并不是照着鳄形塑龙。长身长尾两条腿，这样的动物世上没有，也不同于后来的龙形象。但它确曾是六千多年前人们心目中龙的模样。

虚拟的龙，给生肖文化平添许多话题。其实，遥想当年，以生肖遴选者的眼光看，龙并不是虚幻的存在。龙能够与其他十一种生肖为伍，因为古人相信世上真的有龙。

龙，在远古时代大约曾被用作氏族部落的图腾。

民间剪纸 龙

中国神话里，始祖神女娲与伏羲均为人首蛇神形象。这样的神话，被汉代人刻画在石，留下一幅幅人身蛇尾图案。有些图案的蛇身长出腿脚，称为人身龙尾，应该说更为确切。同为河南南阳汉画像石，伏羲图两腿清晰。

龙是虚拟的神物，其形象是复合叠加的产物，饱含着各种文化信息。宋代罗愿《尔雅翼》引王符的话说，民间画龙，“马首蛇尾”。又有三停九似之说——三停，画龙的整体布局，“自首至膊、膊至腰、腰至尾，皆相停也”，将龙分为三段，造型一波三折，灵动如腾如飞；九似，画龙犹如各种动物形象的集锦，“角似鹿，头似驼，眼似鬼，颈似蛇，股似蜃，鳞似鲤，爪似鹰，掌似虎，耳似牛”。对于龙形的描述，这已很完备了。

龙，可以说是多元化构件的拼接体。由这一特点，现代学者闻一多引申出他的学术观点：龙为图腾，是由许多不同的图腾糅合成的一种综合体。原始时代，部落的兼并，产生了龙这样的混合图腾。闻一多《伏羲考》写道，当初部落林立，各有图腾，内中以蛇图腾最为强大。各种图腾合并与融合，以蛇为基调，兼并吸收兽类的四脚，马的头、鬣和尾，鹿的角，狗的爪，鱼的鳞和须，等等，最终形成了龙。

工艺品 龙

龙被造出来，飞上了天。古人说龙，还是愿意把鱼作为龙的后备军。于是，上古的神话、民间的传说，有了美丽的篇章——鲤鱼跳龙门。宋代《太平广记》引《三秦记》载：

龙门山，在河东界。禹凿山断门一里余，黄河自中流下，两岸不通车马。每岁季春，有黄鲤鱼，自海及诸川，争来赴之。一岁中，登龙门者不过七十二。初登龙门，即有云雨随之，天火自后烧其尾，乃化为龙矣。

大禹凿山开龙门，鲤鱼跳龙门。跳龙门的时节在暮春三月。来自大海及河川的黄色鲤鱼，为追求化龙的理想，溯黄河而上，争赴龙门。

“一岁中，登龙门者，不过七十二”，是玄妙其说的讲法。中国古代，“十二”、“三十六”、“七十二”均为具有神秘意义的成数。

龙门一跃，化龙的鲤鱼在通过龙界之门的同时，要经历天火烧尾的脱胎换骨。凡鱼化神龙，古人幻想中的一种质变飞跃。古语说：“龙之未升，与鱼鳖为伍，及其升天，鳞不可睹。”地位变，身份变，贫贱变富贵，全在这一跳。黄河龙门，被想象为衡量这一质变的标志竿。

由此，龙门成了悲喜门。“初登龙门，即有云雨随之”，立刻享受到龙的待遇——“龙从云，虎从风”，该是何等的风光，何等的喜悦！可是，龙门的入门券有限额，每年七十二，一番跳跃而不得登者自然更多。《艺文类聚》引《三秦记》说：“龟、鱼集龙门下数千，不得上，上则为龙。”龙门之前，失意者多于得意者。

凡此种种，与世象情理多有相通；较之于通过科考之门，步入仕宦殿堂的进身门径，更多吻合。于是，龙门的故事派生出两个典故，即“登龙门”和“暴腮点额”，赠予古代那些将人生前途系于科举功名的读书人。科场落第称为“点额”，如李白《赠崔侍御》诗：“黄河三尺鲤，本在孟津居。点额不成龙，归来伴凡鱼。”

龙

古代民间的龙崇拜，第一位的原因还不在于龙门一跳、金榜题名，而在于龙治水的传说。晋代葛洪《抱朴子·登涉》有关十二生肖的一段话，其中讲：“辰日称雨师者，龙也；称河伯者，鱼也；称无肠公子者，蟹也。”以地支辰，对应龙、鱼、蟹，均为水族。河伯为水神，雨师是司雨的水神。“辰日称雨师者，龙也”，不仅表明辰与龙的属相关系，而且将辰龙的民俗文化底蕴和盘托出——行云布雨，辰龙神物。

龙降雨，水从何处来？清代蒲松龄《聊斋志异》说：“俗传龙取江河之水以为雨。”与龙持雨器、洒水成雨的传说不同，这讲的是取于大地，还于大地。有关传说，由蒲松龄记录下来：一个北方人南游，停舟于江岸，看见一条苍龙自云中垂下，龙尾搅动江水，波浪涌起，随龙身而上。远远望去，腾空跃起的水流像宽宽的白色绸缎，闪烁着银光。持续了一段时间，龙尾收去，江水顿时平息。又过了一会儿，风雨到。一阵倾盆大雨过后，那一带渠道沟汊注满了水。龙将江河水搬运上天，再沛然而下。在这一传说里，龙推动着自然界水循环的运转，蒸发、成云、降雨，都由治水的龙来包办。《聊斋》所言，是将自然界中龙卷风现象神奇化了。

靠天吃饭的农耕时代，风调雨顺，是上至帝王下至百姓，有共同语言的重要话题之一。为此，人与天对话，与龙对话，传承为风俗，积淀为文化。

祭龙祈雨的古老风俗，源于雩，殷墟卜辞已有记载。雩祀祈雨，祭天即是祭龙，两者原本是一回事。《左传·桓公五年》“龙见而雩”，杜预注：“龙见，建巳之月。苍龙，宿之体，昏见东方，万物始盛，待雨而大，故祭天，远为百谷祈膏雨。”这是讲，斗柄指巳的月份，东方青龙星宿黄昏由东方地平线升起，万物繁茂的季节到了，这时要祭天，祭龙星，为庄稼祈雨。

民间工艺画 龙

关于农业文明，古代有后稷教稼的神话。后稷为周民族的祖先，性好稼穑，帝尧让他做农师。周朝祀后稷，既是祭祖先，也是拜农神。汉代礼奉农神，以灵星祠取代后稷祀，名目变了，内容其实并无更改——周朝人与汉代人所祭祀的，都是东方七宿那条龙，具体地讲是青龙双角中左边的那只角。请读《后汉书·祭祀志下》：

汉兴八年，有言周兴而邑立后稷之祀，于是高帝令天下立灵星祠。言祠后稷而谓之灵星者，以后稷又配食星也。旧说，星谓天田星也。一曰，龙左角为天田官，主谷。祀用壬辰位祠之。壬为水，辰为龙，就其类也。

周朝人祀后稷，要配祀食星——食星即天田星，龙星角宿左角那颗星。《史记·封禅书》“立灵星祠”，集解引三国张晏的话：“龙星左角曰天田，则农祥也，晨见而祭。”汉朝立灵星祠，祭的仍是青龙左角那个颗星，并且，选“壬辰位祠之”——天干壬为水，地支辰为龙。

祭龙求雨，古人还要堆土龙。《后汉书·礼仪志中》说，天旱祈雨，“行雩礼求雨。闭诸阳，衣皂，兴土龙”。相传，土龙塑的是应龙。《山海经·大荒东经》说：“应龙处南极，杀蚩尤与夸父，不得复上，故下数旱。旱而为应龙状，乃得大雨。”晋代郭璞注解，认为土龙求雨风俗源于这段神话。应龙本是天上兴云布雨的神。蚩尤制作兵器

剪纸 龙

去攻打黄帝，黄帝请天上的应龙来参战。应龙的本领是以水克敌，它积蓄大量的水，对付蚩尤。应龙帮助黄帝杀蚩尤，战夸父，用尽了自己的神力，再也上不得天。天上没了司雨的应龙，雨水就少，使得下界常闹旱灾。“旱而为应龙之状，乃得大雨”——郭璞说，这就是土龙致雨风俗的来历。

祈雨请龙，毕竟完全不是拧开水龙头那样的事，赶上大气环流、天气形势无水可降，人们请龙再虔诚，祭龙再恭敬，天空照样没云彩。倘若请龙多日，天仍晴着，就晒龙。把“龙”抬到太阳下暴晒，表示惩罚。抬着龙在烈日下游行，让它体恤民情，尝一尝干旱的滋味。但晒龙往往也不是一味地暴晒，要适时地向龙身上泼一点水，大概表示恩威并用，表示情感的沟通吧。晒龙经此折腾，恰巧天就阴了，雨就降了，人们会说这一招灵验。

属相蛇，称小龙

“伏羲鳞身，女娲蛇躯”。中国古代神话里，始祖神女娲与伏羲均为人首蛇身形象。神话被汉代人刻画在石，留下一幅幅人身蛇身图案。

巳蛇

这类图案，在通常情况下，蛇身是长出了腿脚的，称为人身龙尾，似乎更贴切一些。可是，却习惯于称蛇身，不称龙身。这种习惯，可谓自古而然。东汉《论衡·讲瑞篇》说：“龙或时似蛇，蛇或时似龙。”龙、蛇之变，仿佛自然而然，来得容易。讲地支与属相，竟可以将龙蛇合一，见《三国志·管辂别传》：“蛇者协辰巳之位，乌者栖太阳之精……”你看，这不是径直地把辰龙的“地盘”，交由巳蛇来主理了吗？说起来，这也容易理解。世上无龙，古人有时就是以蛇为龙的。

“辰年大蛇骨”，云南西双版纳地区生肖纪年用语。那里的傣族同胞论十二属相，辰属蛟，或者属大蛇。为了便于区别，讲到巳的属相，就说小蛇。辰蛇标以“大”，巳蛇标以“小”。与此有异曲同工之妙的，是属龙称大龙，属蛇称小龙。

民间剪纸 蛇

许多地方的风俗，十二生肖蛇称小龙，龙叫大龙。逢巳年出生的人属蛇，问其属相，可能会有三种回答，或说属蛇的，或说属长虫的，或说属小龙的。学者周汝昌一篇谈民风的文章，讲到天津人通常不说属蛇，而说属小龙儿。小龙儿发音如“小锣儿”，儿化音很浓。

刘鹗《老残游记·二集》遗稿第一回“元机旅店传龙语”，己巳年出生者称黄龙子，乙巳年出生者称青龙子，丁巳年出生者称赤龙子：

慧生道：“……以他们这种高人，何以取名又同江湖术士一样呢？既有了青龙子、黄龙子，一定又有白龙子、黑龙子、赤龙子了。这种道号实属讨厌。”老残道：“你说得甚是，我也是这们想。当初曾问过黄龙子，他说道：‘你说我名字俗，我也知道俗，但是我不知道为什么要雅？……我们当日，原不是拿这个当名字用。因为我是己巳年生的，青龙子是乙巳年生的，赤龙子是丁巳年生的，当年朋友随便呼唤着顽儿，不知不觉日子久了，人家也这们呼唤……’”

诸色“龙子”的称谓，缘于这三个人巳年出生，属蛇。青、赤、黄三色，取于天干的五行五色。甲乙属木，色青；乙巳为青蛇，称青龙子。丙丁属火，色赤；丁巳为赤蛇，称赤龙子。戊己属土，色黄；己巳为黄蛇，称黄龙子。只因生于巳蛇之年，径以黄龙、青龙、赤龙为名号，连小龙之小也省略掉了。从小说的描写来看，并不把称“蛇”为“龙”视为名实不副。这也反映了以龙称蛇，确是习惯成自然了。

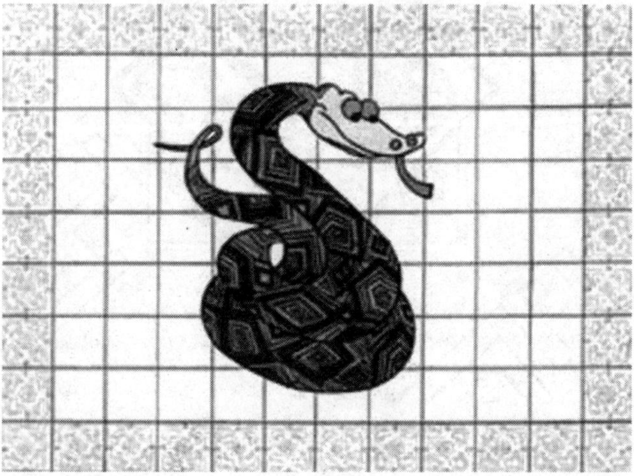

民间工艺画 蛇

汉代许慎《说文解字》：“南蛮，它种，从虫。”它种即蛇种。这种崇蛇的古风，到后来出现了“龙化”倾向，演为攀了龙、附了龙的名称。在江苏宜兴称蛇为“苍龙”，当地俗语说“成了龙，还是蛇洞里出生”，龙由蛇变化；安徽当涂一带称蛇很妙，叫“家龙”。龙冠以家，既含人家崇蛇的意思，又颇为艺术地区别了龙与蛇——它不是飞于天、潜于渊的龙，它属于“家”，是蛇；它被称为“龙”，是人家所奉的神。

与人们想象中的龙相比，蛇毕竟有着很大的相似性。蛇与龙的互换替代，也就尽由想象了。唐代颜师古《大业拾遗记》载有一则神异故事。故事说，某一日，忽然黑云密布，雷声隆隆，两个赤衣童子从云中降落在大殿前，先从一根殿柱中抽出一条白蛇，又从另一根柱子中抽出一条白蛇。有僧人讲："此柱腹空，为龙陷身之所。"两条白蛇，被说成是龙。

工艺品 蛇

"巳为它象形"。东汉许慎《说文解字》对于地支的十二个用字，均有解说。可是十二者当中，涉及属相的，惟"巳"最典型："四月阳气已出，阴气已藏，万物见，成文彰，故巳为它象形。"

"蛇"字本作"它"，"虫"旁是后人加上去的，曾是俗字。《说文》释"它"，说其也是为象形字，"象弯曲垂尾形"。又说，"上古草居，患它，故相问：'无它乎？'"原始时代，穴居野处，避免被蛇伤害是日常生活中的大事。人们见面，彼此相问"无它乎"——"没有蛇吧？"以此打招呼。

蛇在民间又称"长虫"，而"虫"字的古义正是指蛇。甲骨文"虫"字刻写为头部呈三角形的毒蛇。《说文》所载"虫"字，为蝮蛇卧伏之状。

用线条将蛇的形象描画下来，这就有了古汉字：巳、它、虫。

“巳为它象形”，即是讲“巳”字为蛇的象形字。宋代王应麟《困学纪闻》谈十二生肖起源，引述了许慎的见解：“《说文》亦谓巳为蛇，象形。”

古文字中真真切切地画着一条条蛇。“闽”字门内供一条；川地之“巴”、“蜀”，都凝结着蛇的传说。特别是那个“巴”，实实在在地做了“巳”为蛇的旁证。

蛇

先说“蜀”中含“虫”——蛇。相应的神话传说，记在《华阳国志·蜀志》中：“蜀有五丁力士，能移山，举万钧”，五丁为蜀王迎娶秦女，归时走到梓潼，“见一大蛇，入穴中。一人揽其尾，掣之，不禁”。两个人来拽，拽不住。再上来一人，又上来一人，直至五丁协力，高声喊叫着，向外拽。那条大蛇拼命向山中钻，相持之际，突然山崩，压死五位力士，成为五岭。你看，“蜀”中那条“虫”——蛇，是何等的了得。

“巴”字为蛇——“巳”中多一笔，《说文解字》释：“虫也，或曰食象蛇，象形。”“巴”字轮廓框架为“巳”，所多的一笔，你道何物？那原来是大象。今人熟知的俗语“人心不足蛇吞象”，含着贬义。但在古代，巨蛇吞象却是闪烁奇光异彩的神话思维，表现着可歌可泣的壮烈。屈原《天问》：“一蛇吞象，厥大何如?”历代注家均引《山海经·海内南经》：“巴蛇食象，三岁而出其骨”。传说还讲，射日的羿，在洞庭湖畔杀了巴蛇，巴蛇之骨如丘陵，便有了地名：巴陵。又有象骨山，相传巴蛇吞象，象骨成了大山。朱熹《楚辞集注》注巴蛇，记下流传于山民当中的故事：蛇吞人家鸡窝里的蛋，吞下肚后，便去缠树，使劲地绞呀缠呀，绞碎蛋壳，吐出蛋皮。苦于其扰的人们，就想出聪明的对策，削木为蛋，引蛇上当。吞鸡蛋吞出了甜头的蛇，吞下木蛋，照例去缠树较劲，直绞得蛇身破裂。

“一蛇吞象，厥大何如”，巴蛇的传说，其实也是巳蛇的传说。清顺治年间刻本《离骚图》，绘出巨蛇吞大象的情形，释文特别点出巳蛇生肖：

南方有灵蛇，吞象三年，然后出其骨是也。蛇属巳，巴益以舌画者，象形也。

将汉字作为生肖溯源的线索，“巴”字应该算上一条。宋代人所撰《尔雅翼》说：“巴者，食象之蛇，其字象蜿蜒之形。”巴字的“蜿蜒之形”，得自巳蛇之巳。

生儿育女，弄璋弄瓦，留下如此典故的《诗经·小雅·斯干》告诉人们：“维熊维罴，男子之祥；维虺维蛇，女子之祥。”这说的是梦。梦到熊罴，生男孩的征兆；梦见蛇虺，生女孩的征兆。梦熊——得子的典故，后来做了许多男性的名字。

熊是雄壮的动物，让人联想到男子汉。相比之下，蛇显得阴柔，

剪纸 蛇

而区别于阳刚，让人联想到柔弱的女子。这便有了“维虺维蛇，女子之祥”的说法。

以阴阳之说来归类，蛇属阴。十二生肖蛇配巳，辰阳而巳阴，正好符合对于蛇的阴阳判断。

这种阴阳定位，影响所及，派生出蛇成精魅化女人的故事。有句名言“化做美女的蛇”，正是这一古老观念的产物。这一思路所编织的传说、故事，最为典型的，就是妇孺皆知的《白蛇传》。白蛇青蛇的蛇、人之变，体现了古人面对于形象可怖的蛇，所发掘出的美丽想象。

“吉日庚午，既差我马”

午属马。《诗经・小雅・吉日》有这样一句话：“吉日庚午，既差我马。”唐代孔颖达的解说是：“必用午日者，盖于辰，午为马故也。”就是说，选择午日为“既差我马”的吉日，只是由于十二生肖午属马的缘故。宋代王应麟将此举为“午马之证”。当然，也有人提出异议，认为庚午对马，不过是偶然的巧合。

午马

马为六畜之首。马的驯化家养，在六畜中大约却是最晚的。一般认为，将野马驯化为役畜，是父系社会时的事情，最早始于龙山文化时期。山东章丘龙山镇城子崖的考古发现证明，距今四五千年以前，人们已开始养马。许多古籍中有“相土作乘马”的记载。历来讲述上古史，以此作为生产力发展的一个标志。作乘马就是发明用四匹马驾车。这反映了活动于黄河流域的商部落畜牧业的发达。后来，相土的后代打败夏桀建立了商朝。甲骨文中已有“厩”字。《管子》说：商的祖先“立皂牢，服牛马，以为民利”。养牲畜，“皂”是喂料的槽，“牢”是圈。

民间剪纸 马

在漫长的岁月里，马不仅是拉车的畜力、代步的坐骑，其本身还是文化载体。有副春联，是供农历马年选用的：“骅骝开道，骐骥呈材。”八字联语中，“马”偏旁的字占了四个，语出《庄子·秋水》“骐骥骅骝，一日而千里”。汉字对于马类称谓区分之细，可令其他动物望尘莫及。仅就马的毛色而言，骥色黑，骊色黑，騩为浅黑，骐为青黑，骍色赤，骝色紫，骓黑白相间，騢赤白杂色，騜为黄白色；此外，黑白杂毛曰鸨，黄白杂毛曰駓，青白杂毛曰骢，骠为黄色有白斑之马，骃为浅黑杂白之马，骝为黑鬣黑尾的红马……这些方块字，犹如五光十色的宝石，其间所凝结的，是古人对于马的观察、描画以至敷彩。这一切，反映出古人对马的偏爱，还体现了古时马在社会生活所占据的重要角色位置。美国汉学家爱伯哈德《中国符号词典——隐藏在中国人生活与思想中的象征》说："马是中国人生肖中的第七种动物。在中国古代，有许多不同的词，来描述不同大小、不同颜色的马。这些词汇的死亡，表明马在当代中国历史中的作用已经大大降低。"此话有理。那些关于马的字和词，以丰富多彩的阵容，显示着古代马文化的博大。

山东民间剪纸 午马

马

骠骝骐骊之类的"马字"，似乎又不只是马的"色标"，而马的精神风貌，古人在端详马字本身时，即已揣摩于心了，这便是许慎《说文》讲到的："马，怒也，武也"。一怒一武，刚健且遒劲，凛凛威风，仰天长啸惊天，四蹄掠地无阻。还有那句"马到成功"，浅显而形象，体现了"快马加鞭未下鞍"的狂飙突进，和"关山度若飞"的胜券稳操。杜甫《房兵曹胡马》："胡马大宛名，锋棱瘦骨成。竹批双耳峻，风入四蹄轻。所向天空阔，真堪托死生。骁腾有如此，万里可横行。"一往无前的气势，跃然纸上。相传西周穆王远游，出行时驭八匹骏马，《穆天子传》记为赤骥、盗骊、白义、逾轮、山子、渠黄、华骝、绿耳。这一组马之名，透露着体貌与毛色的不凡。到《拾遗记》八骏分别作绝地、翻羽、奔霄、超影、逾辉、超光、腾雾、挟翼。

从名称看，不仅骏马添翼成飞马，而且“超影”、“超光”又“逾辉”，简直可望超光速了。

工艺品 马

出类拔萃的马叫千里马。千里马的话题讲了几千年，成为中国传统文化的一枝奇葩。《战国策·燕策》载，郭隗向昭王论说人才问题，拿千里马打比方，讲述了千金求骏马、五百金买马骨的故事：“古之君人，有以千金求千里马者，三年不能得。涓人言于君曰：‘请求之。’君遣之。三月得千里马，马已死，买其骨五百金，返以报君。君大怒：‘所求者生马，安事死马而捐五百金？’涓人对曰：‘死马且买之五百金，况生马乎？天下必以王能市马，马今至矣。’于是不能期年，千里马之至者三。”五百金买下死马之骨，以示渴求千里马的诚心。说买马，讲的是求贤纳贤。相传，燕昭王听郭隗之劝，在今河北易县筑黄金台，招揽贤能。

千里马成为美喻。汉武帝《下州郡求贤诏》，有“马或奔踶而致千里”之语。这位雄才大略的帝王，渴求“非常之功”，故求“非常之人”。只要是出类拔萃的人才，不在乎他受到世俗的非议，只要是千里马，不在乎它尥蹶子。武帝曾以千里马称赞皇家后代，《汉书·楚元王传》：刘德“修黄老术，有智略，少时数言事，召见甘泉宫，武帝谓之‘千里驹’”。千里驹即千里马，刘德年纪尚小，武帝因而这样夸

民间工艺画 马

赞他。

马与龙，传说中的一对双璧。明代小说《西游记》里，唐僧的坐骑白龙马本是一条龙。小说家的这一描写，便有着传统文化的、民间俗信的背景。

吴承恩构思这部神魔小说，人物多涉因缘。唐僧前世是如来佛的二徒，名唤金蝉子，因轻慢教义、不听说法被贬，转生东土，九九八十一难，取经以成正果。孙悟空大闹天宫闯了祸，被如来压在五指山下，成了妖猴。猪八戒本是天河水神、天蓬元帅，蟠桃会上酗酒戏仙娥，被贬下界投胎，身入畜类。沙和尚原为玉帝跟前的卷帘大将，蟠桃会上打碎玻璃盏，被贬下界。他们都是观音菩萨相中的人选，在取经西行的路上候着，等待做唐僧的徒弟。取经功成，五圣成真。这五圣，除了唐僧师徒四人，还有白龙马——他成了八部天龙马。

《西游记》讲，白龙马原本为西海龙王敖闰之子，称玉龙三太子。他纵火烧了龙宫的明珠，龙王向玉帝告他忤逆。这是死罪，观音菩萨求情，讨他下界，在蛇盘山鹰愁涧中栖身，等唐僧来时化为马，充当取经人的脚力。书中描写龙变马的一幕：菩萨上前，把那小龙的项下明珠摘了，将杨柳枝蘸出甘露，往他身上拂了一拂，吹口仙气，喝声叫“变”，那龙随即变做一匹白马。白龙且白马，因为他出自西海龙宫。依五行之说，西方色白。龙分五色，西海潜白龙。

《西游记》是中华传统文化沃土培育的奇葩。它的人物设置、情节构思，往往表现出深厚的文化底蕴。白龙马即是如此。小说第十五回描写，孙悟空对这条“有罪的孽龙”并不认可，观音菩萨开导说：“那东土来的凡马，怎历得这万水千山？怎到得那灵山佛地？须是得这个龙马，方才去得。”小说第一百回，如来佛为五圣封号，说到白龙马：“每日家亏你驮圣僧来西，又亏你驮圣经去东，亦有功者……”这些话语，如同一个模子扣出，那模子就是中国古老的传说：龙马河图。

龙马河图，是关于中华文化发轫开端的神话。相传，伏羲之时，黄河出现龙马——龙头马身的神兽，马背旋毛如星，组成一幅图，称为河图。伏羲心有灵犀，按照河图上的自然数，创造了八卦。《易·系辞上》：“河出图，洛出书，圣人则之。”河出图，即指龙马河图的传说。

《西游记》的白龙马，显然是龙马的翻版。西天如来要将真经颁于东土，前去取经者各有来历，均非凡人。而那经卷，必须由白龙马去驮，方显经之真、卷之珍。

当然，吴承恩创造白龙马这一角色，大约也借鉴了白马驮经的佛教佳话。据史载，汉明帝曾有金佛之梦，由此遣使西域，迎进佛教。这是中外文化一次历史性的交流，汉使、梵僧，会合于大月氏国。一方西去寻梦，一方东来宣教，会合后便以白马驮载佛经、佛像，来到东汉国都洛阳。转年，洛阳修建中国第一佛刹，命名白马寺，以铭记白马驮经之功。这白马驮经，与龙马出河一样，是中国古代文化史上具有里程碑意义的大事。

“龙马者，天地之精。其为形也，马身而龙鳞，故谓之龙马。高八尺五寸，颈骼有翼，蹈水不没。”龙马要高八尺五寸，不是随意标出的尺寸。《周礼·夏官》：“马八尺以上为龙。”《说文解字》也采用此说此解。尺寸多么大并不紧要，重要的是设计了量变与质变——马和龙之间画一条界线。有了这条线，在人们驰骋想象的天地里，要越线过界，就不是很容易的事了。汉武帝得良马，为庆贺此事而创作《太一之歌》，歌中唱“今安匹兮龙为友”，反映了古人的龙马观念。

道教传说中有个马师皇，相传为黄帝时的马医，汉代刘向《列仙传》说他“知马形生死之诊，治之辄愈”。精于医马的马师皇，还能为龙治病。一次，有龙前来，马师皇说：“此龙有病，知我能治。”于是扎针、灌药汤，治好了病。从此，常有病龙从水里出来，请马师皇诊治。再后来，有一条龙索性驮走了马师皇。明代刊刻《列仙全传》中的马师皇，被刻画为正在给飞龙扎针的图景，身旁卧着马。马师皇传说的文化底蕴，在于反映了古人心目中龙马归一观念。

马化为龙，唐代柳宗元《龙马图赞》说，唐玄宗时，得异马于黄河，有人画下马的样子，“龙鳞、虺尾、拳髦、环目、肉鬣”。此马在御厩中饲养近二十年，曾随玄宗封禅泰山。安史之乱，玄宗西逃入蜀，“马至咸阳西入渭水，化为龙泳去”。不愿再陪伴落难的天子，陆上马变做了游水的龙。

剪纸 马

马的典型风格，是它的冲击力、爆发力，它的不受羁绊，它一日千里的狂奔，用一个常用词表示之，就是“烈马”。由马而及火的联想，既生发于驰马剽悍的阳刚形象，也得益于“午”对马形象的归纳和提升。这提升，将马之烈，挂靠于宇宙乾坤的哲学框架之中。请读《元亨疗马牛驼经》：

混沌初分，天地始辟，午丑之象，各从天地而生。午者阳火也，应乾象而生马；丑者阴土也，应坤象而生牛……

马和牛相比，在动物习性方面，存在着明显的反差。古人解说这种差异，将其置于天地开辟的哲学范畴，即所谓“午丑之象，各从天地而生”。午马为阳火之象，丑牛为阴土之象，从而注定马与牛不同的习性特征。

三阳开泰大吉祥

“马驰率风，羊致清和”。每当午马扬蹄而去、未羊款款而来的年份，人们喜欢以这句话应景。另一句吉祥话也时髦起来：三羊（阳）开泰。阳、羊同音。阳光之下三只羊，中国传统吉祥寓意图案，画题即叫《三羊开泰》。三阳开泰来自《易》之“泰”卦。“泰”卦，乾下坤上，阳爻有三——于是，“三阳开泰”成为岁首的吉语。明代杂剧《闹钟馗》剧情讲，每逢新年正旦，三阳真君在三阳阁下排宴庆贺——那“三阳真君领三个绵羊太子”，三羊象征三阳。

地支配属相，未属羊。却并非自古如此。湖北睡虎地秦简记载与今不尽相同的一套生肖：“午，鹿也。未，马也……戌，老羊也。”羊所对应的，是戌不是未。而且，在这一套生肖名单中，唯独羊冠以“老”，好像“羔”羊尚不具备做生肖资格似的。睡虎地秦简为何逢羊而尊“老”，也是值得讨论的题目。至于“未羊”，甘肃天水放马滩秦简已见记载。

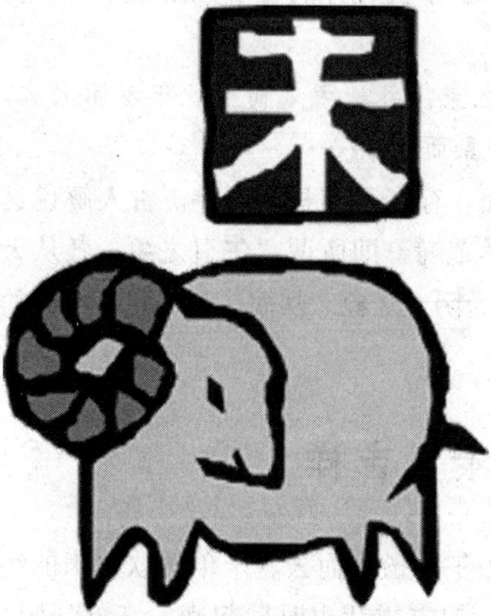

未羊

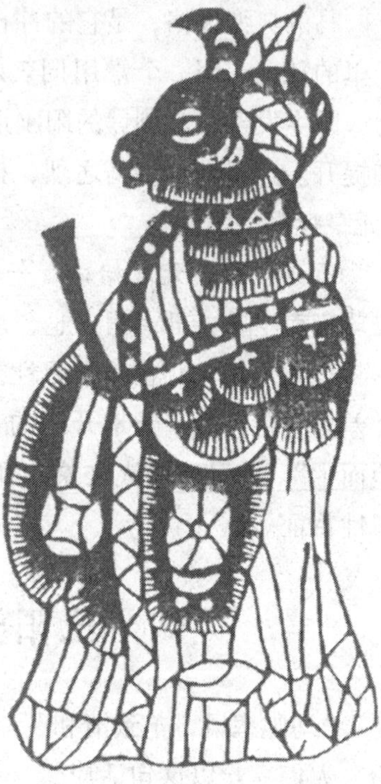

山东民间剪纸 未羊

古人释“未”，许慎《说文解字》：“未，味也。六月滋味也。五行木老于未，象木重枝叶也。”着眼时序月份。刘熙《释名》：“未，时也；日中则昃，幽昧也。”讲的是昼夜时辰。未属羊，清代《广阳杂记》引录的解说是：“羊啮未时之草而茁，故未属羊。”这显然比较牵强。

羊为六畜之一，早在母系氏族公社时期，生活在我国北方草原地区的原始居民，就开始选择水草丰美的沿河沿湖地带，牧羊狩猎，获取生活资料。羊带给人类口腹之福。许慎释字义：“美，甘也。从羊从大。羊在六畜主给膳，美与善同。”结合他有关“未，味也……滋味也”的解说，这位文字学家对于羊肉味道之甘美，大概是印象颇深的。

羊对于人类的贡献，并不局限于“口”加“未”——“味”。以“羊”来做“美”的汉字构件，反映着原始人类的精神生活。这里不该忽视的是，甲骨文“美”字，上半部并非一羊两只角，而是四只羊

民间剪纸 羊

角。审视“美”字，朱狄《原始文化研究》写道，一人头戴两双羊角，原始人何以要头戴如此笨重的装饰品？答案只能有一个：“这是一种图腾标志”。这样的思路，可以用来解读“羌”、“姜”。羌人、姜姓，都应源于崇拜羊图腾的氏族的名号。

民间工艺画 羊

在古代，“羊”与“祥”通假。《汉元嘉刀铭》“宜侯王，大吉羊”，“羊”即是“祥”。“羊”代“祥”，不仅因为音近和字形的省略，西汉大儒董仲舒《春秋繁露·执贽》说：“羔有角而不任，设备而不用，类好仁者；执之不鸣，杀之不谛，类死义者；羔食于其母，必跪而受之，类知礼者，故羊之为言犹祥欤！”羊羔有角，却并不抵触——好仁；羊被捉，却并不哀叫——不惧怕以死就义；羊羔吃奶，总是跪着接受哺乳——知礼。董仲舒所表达的意思是，由于羊的仁、义、礼，所以语言中以“羊”为“祥”。

“三羊开泰”是吉语，五羊呢？南国有一座城市，得五羊之吉，这座城市就是广州。相传，羊是给广州带来吉祥的五谷之神。传说，五个仙人五只羊，带着五谷丰登的祝福来到广州。五羊传说成为广州的重要文化景观。广州称羊城，简称穗，均取诸五羊传说。如今，市内的越秀山公园矗立着五羊石雕，为羊城的标志。

带来五谷丰登的羊，还被想象为雨工——随龙兴云布雨的神物。这见于唐代李朝威的传奇小说《柳毅传》。小说涉笔成趣地讲到雨工：龙女牧羊，所牧非凡羊，而是随龙布雨的精灵。柳毅路遇牧羊女，女子请他代传书信，并自言是洞庭龙君小女。柳毅同情龙女的不幸，又好奇地问：“你既是龙女，牧羊何用？难道神也像人间一样，畜牧为了宰杀吗？”龙女答：“这不是羊，是雨工。”柳毅问：“何为雨工？”龙女答：“雷霆之类也。”龙女牧羊，羊是雨工，这样的想象以龙司雨水为逻辑起点，倒也显得顺理成章。

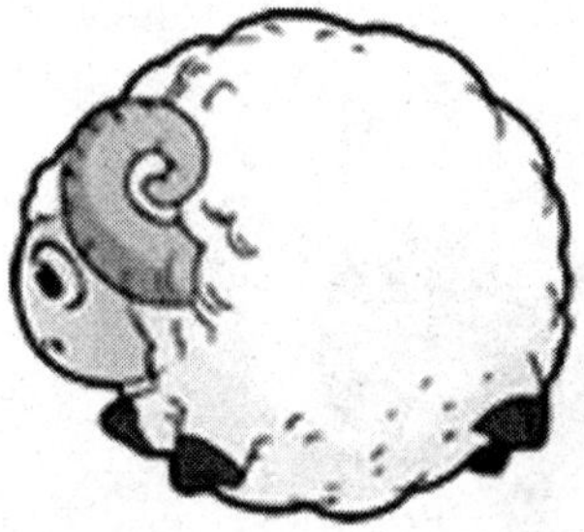

羊

羊长角，能抵，古代神话就以独角神羊，寄托社会理想，谈论司法公正。这神羊，叫獬豸。东汉《论衡》记下有关传说：獬豸“一角之羊也，性知有罪。皋陶治狱，其罪疑者，令羊触之，有罪则触，无罪则不触。故皋陶敬羊，起坐事之”。皋陶决狱明白，执法公正。遇到曲直难断的情况，便放出独角神羊，獬豸顶触的，一准是有罪之人。

古人做獬豸的文章，紧扣着执法的主题。由此，干脆称其为任法兽，这见于《神异经》："獬豸忠直，见人斗，则触不直；闻人论，则咋不正。一名任法兽。"还发明了一种执法者的官帽，称为獬冠。《淮南子·主术训》："楚文王好服獬冠，楚国效之。"这样的官帽，汉代称其为法冠。古代的公堂，墙上画着獬豸，主审官员头戴獬冠，异兽神羊真是出尽了风头。

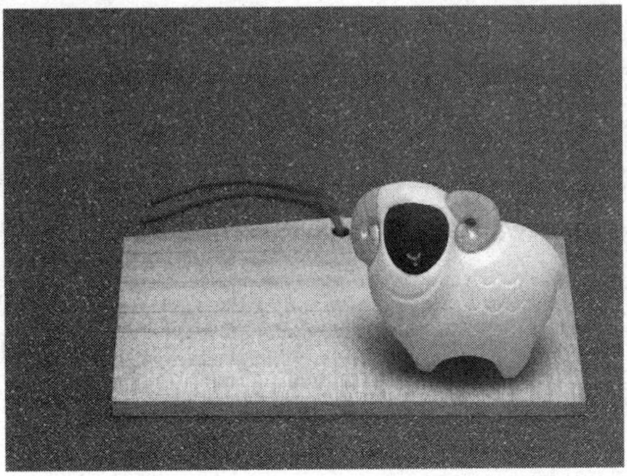

工艺品 羊

獬豸传说，反映了古人对羊多侧面的认知。怕狼的羊，跪乳的羊，温顺的羊，古人并未忽略事情的另一面：羊有角，并非摆设，犄角聚着力，它能抵。于是，有了獬豸的传说。抵，且抵得是非分明。

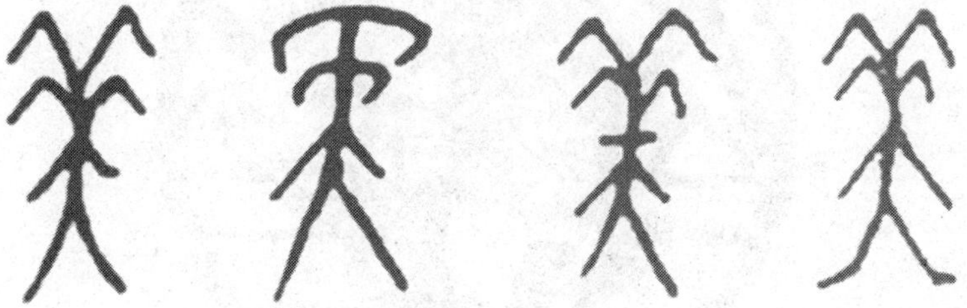

甲骨文"美"字

羊有角，能抵，中华国货便有大名鼎鼎的抵羊牌。近代中国国势积弱，列强觊觎，军事侵略、文化侵略、经济侵略一并袭来，"抵羊牌"就是中国民族工商业者的愤怒呼号。"羊"与"洋"谐音，并且

“羊毛出在羊身上”。“抵羊牌”巧用双关修辞，其妙天成。它的精髓，则在一个“抵”字上。

未属羊，古代还有未日种羊的传说。

“自言羊可种，不信茧成丝”，《漠北怀古》诗句。羊可以像种庄稼那样播种且收获？元代《乐郊私语》一书的作者姚桐寿对此打了个问号。他去问诗作者楚石大师，得到的答复竟是肯定的。请看那回答是何等的奇妙：

大漠迤西俗能种羊。此屠羊，用其皮肉，惟留骨，以初冬未日，埋著地中，至春阳季月上未日，为吹笳咒语，有子羊从土中出。凡埋骨一具，可得子羊数只。

种羊，埋下的“种子”为羊骨。有播种还会有收获，但要特别注意时机的选择：未日。种羊在初冬，埋羊骨那天日支要在未；种下的羊，阳春三月可望收获——日期是三月里第一个地支为未的日子。在这一天，奏胡笳，念咒语，“子羊”就会从地里破土而出。

古人所记，尽管言之凿凿，如今大概再不会有人信以为真了。有趣的是，种羊选未日，反映了生肖文化习俗对于这一传说的影响。

剪纸 羊

“申日称人君者，猴也”

云梦睡虎地秦简《日书》所记生肖：“申，环也。”古代“环”可读如“猿”，同音能假，“环”即指“猿”。

天水放马滩秦简《日书》记：“申，猴矣。”申为猴。

东汉《论衡》记：“猕猴，金也……土不胜金，猴何故畏犬？”这段文字中，申的属相时而猴时而猕猴，究其语气，二者是等同的。

申猴

山东高密民间剪纸 申猴

猴、猕猴还有猿，尽管三者都与地支申有牵连，可是，人们习惯于说“申猴”，这就有了选择。东晋《抱朴子》讲生肖：“申日称人君者，猴也；称九卿者，猿也。”虽说猴、猿并举，但还应该是“申猴”

而不是“申猿”。

通常人们说猴，往往泛指猴类，即猿猴一大类。不说猴与猕猴有无区别，至少有尾的猴与无尾的猿，应是容易区分的。有趣的是，人们说着“申猴”、讲着“猴年”，却并不将猿排除于申猴之外。在一些有关生肖的小册子里，“申猴”的名目之下，以形象颇为优雅的长臂猿为插图。

猴与人类同属灵长类。人由猿进化而来，是达尔文主义的科学论断。中国是原始人类的摇篮之一，已发现许多古人类活动遗址，其中包括距今约 170 万年的元谋人、距今 80 万 ~ 60 万年的蓝田人、距今 70 万 ~ 20 万年的北京人。这些猿人化石的发现说明，中国也是古猿完成向人类演变过程的地区。

猴子变人，民间将此嵌入天地开辟的神话。有则神话讲，盘古开天辟地之初，大地是猴子的天下，整天成群结队地打闹戏耍，弄得盘古很心忧。有一天，猴群中出现兄妹俩一对机灵鬼儿，他们浑身没有长毛，用树叶遮丑。他们会站着走路，双手比比划划，引得满山遍野的猴子看稀奇。此事惊动了盘古，他想：这乱糟糟的天下有希望改变了。盘古召见了那个男的，封他为伏羲，还要他们兄妹成亲，生出和

民间剪纸 猴

猴子不同的后代来。猿猴像人、近人，古人有此看法，并不需要多少学识。四川简阳的一块汉画像石，蛇身的伏羲女娲，均呈猴脸之状。古人可能编出猴子变人的故事，当然这种想象还不是进化论意义上的由猿到人的演变。

在河南淮阳，至今民俗以猴面人身泥像为“人祖”——“所谓人祖，是一种猴面人身泥偶，其中猴的种类甚多，有打火猴、兜肚猴、抱膝猴、穿衣猴、猴头燕、猫拉猴、猫驮猴”，这不是一般的玩具，它被赋予一定的巫术意义。由猴面人祖到抟土造人，其中的文化积淀，包含着“人猿相揖别”的遗痕。尤其是“人祖猴”的前身纹饰，以“红色绘做竖立的枣核形，并环以多层竖向弧线，外围是放射状白色短线”。有研究者认为，这些“装饰图案象征着女性生殖器官，是上古时代生殖崇拜观念的传承与遗留”。

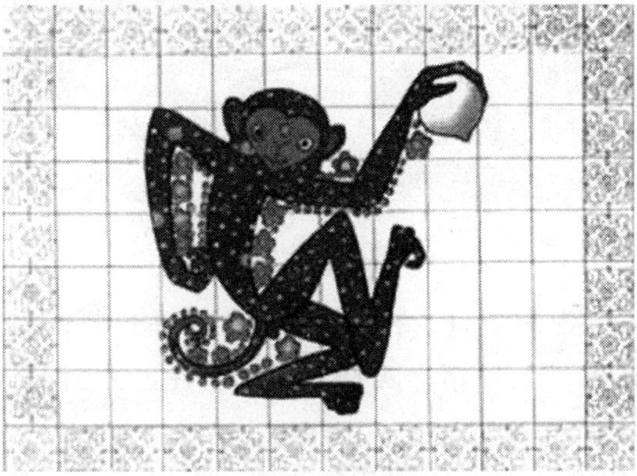

民间工艺画 猴

猴子变人的观念，是否交融于生肖文化之中了呢？应该讲，申猴排在十二生肖的第九位，颇有点意思值得一说。

古代历法，以建寅之月为岁首，二月建卯、三月建辰、四月建巳、五月建午，这样排下来，七月建申，为属猴的月份。以十二个月份而论，居于排头的地支是寅，这影响了古人对于地支序数系列的运用。比如五月五日端午节，又称重午——两“五”重叠，这就反映了古时“五”与“午”通用的情况。由午即五再向下推，隔着未之六，便是申之七了。

这申之七，似乎并没有特别的意义；可是，古代的人日，又称人节、人生日，不选六也不选八，偏偏选在正月七日，便同申属猴发生了间接的联系。对此，周汝昌先生为拙著《人与十二属相》写序，曾发“奇想”：“人不能再‘属人’，故申原为‘人’位，而以猴代之——大约古先民也明白人是猿变的。此论有何为证？请看，正月初七，名为‘人日’，人居第七位；而申正是夏历七月建申那个申，所以它也属人。”

工艺品 猴

以正月初七为人生日，相传见于东方朔的《占书》：岁后八日，一日鸡，二日犬，三日猪，四日羊，五日牛，六日马，七日人，八日谷。

申之七与初七人日，这即使仅仅为一种巧合，也是很有意思的。此外，一年一度的七夕节，牛郎织女拖儿带女地相会于鹊桥。抛开它的劝农劝织的本旨不说，这个节日所含纳的家庭、人生内容，吸引了一代代中国人。它的节期，若以端午节的模式套下来，不妨视为双申重叠，与申属猴，又是一个巧合。

民俗吉语，有关猴子的，有“金猴献寿”，有“马上封侯”。

这幅陕西民间剪纸，表示双猴献寿，桃子下边还剪出一个“申”字。猴子喜桃，小说《西游记》第五回，玉帝派孙猴子掌管天宫蟠桃园。孙猴子一通享用，搅了王母娘娘的蟠桃会。桃为长寿的符号。《西

陕西凤翔民间剪纸：双猴捧桃，图中剪出一个“申”字

游记》讲蟠桃园里的仙桃，三千年一熟的，人吃了成仙得道，体健身轻；六千年一熟的，人吃了霞举飞升，长生不老；九千年一熟的，人吃了与天地齐寿，日月同庚。

猴的另一符号意义，出自谐音。五爵公、侯、伯、子、男，封侯即显贵。这让猴子大出风头。画一幅猴骑马，取意“马上封猴”；猴子向枫树上挂印，叫“封侯挂印”；猴子背猴，叫“辈辈封侯”。江西龙虎山下的天师府，有一影壁，构图全为“符号”：松、鹤表示延年，鹿为禄，树上双猴、其下群蜂则读如“封侯”。拜相封侯，一种荣耀人生的价值取向，使得猴子成为祝福吉祥的符号。

猴非家畜，与人类生活的关系比不上“六畜”密切。这样说，并不排除先秦时代已开始养猴。

《庄子·齐物论》的寓言讲，有人养了许多猴子，想要实行定时定量、早晚两次的喂食方法，他就与猴子们商量此事。问朝三而暮四，可以吗？众猴表示出愤怒的样子。于是，改问朝四而暮三，可以吗？众猴欢欢喜喜地同意了。那个饲猴人，庄子称为“狙公”。

古人养猴，缘由大约有三。一是做自家的宠物，二是艺人耍猴，三是马厩附带养猴。后者有“猴避马瘟”的俗信流传，与申属猴关系甚密。至于驯猴耍猴，《礼记·乐记》：“今夫新乐，进俯退俯，奸声以滥，溺而不止，及优、侏儒，獶杂子女，不知父子。”郑玄注：“言舞者如猕猴戏，乱男女之尊卑。”有学者认为，这似乎包含有滑稽、猴戏或人装猴的表演等初步形成的杂技。杂技马戏中的“耍猴”一项，起始年代应是很早的。

猴

猴子生性好动，自古被视为聪明伶俐的动物。神医华佗创编五禽戏，即仿效动物姿态的一种体育健身疗法。《后汉书·华佗传》记他的话：“吾有一术，名五禽之戏：一曰虎，二曰鹿，三曰熊，四曰猨，五曰鸟。亦以除疾，并利蹄足，以当导引。”猨即猿，这里是说运动时模仿猴子的姿态动作。

汉代《吴越春秋》故事，越王向范蠡问剑术，范蠡推荐了一位善剑女子。那女子路遇一翁，自称猿公，同她比剑法。比试之后，老翁飞跃上树，化为白猿而去。晋代《搜神记》说：“楚王游于苑，白猿在焉，王令善射者射之，矢数发，猿搏矢而笑。乃命由基。由基抚弓，猿即抱木而号。”这只白猿能够将射来的箭支一一打掉，还在笑。神箭手养由基刚拿起弓来，白猿便自知不妙，发出哀号。这两则故事写猿猴，不仅传神，还带有想象。

关于猴的风俗还有摸猴。游览北京白云观的香客和游人，往往要觅猴摸猴。据说白云观里有三处刻猴，逐一摸过，会得福佑顺遂。三处均为浮雕，刻得又小，倘若是第一次寻找，找齐了也并不容易。比如在券门边上的一个，仿佛故意藏在那里，但照样被摸得圆润光亮。桥栏望柱雕猴，具有安澜意义，这得于申属猴，主水。河北沧州杜林古桥的雕猴也被摸得光滑滑的。当地传说，摸猴可以消灾祛病。笔者前去考察，眼见一家三口人乘一辆摩托车而来，车停桥头，三人直奔石猴，虔诚地将猴摸个遍。

剪纸 猴

酉鸡有吉贴“道酉”

十二生肖酉属鸡

家禽鸡的直接来源是原鸡。先有鸡还是先有蛋？这是一个颇能显示辩才的题目。从野生物种的驯化角度说，古代先民可以先得到蛋，但是他们没有办法把蛋变成鸡；合乎情理的次序只能是先在野外捕到鸡，并不宰杀而是圈养起来，有了生蛋的鸡，也就有了蛋，再加上肯在人的眼皮底下孵蛋的鸡，才能进入养殖生产的循环，驯化出鸡——家禽来。

鸡的饲养有着悠久的历史。属于仰韶文化后期的陕县庙底沟遗址，距今四五千年，遗址中发现有家禽鸡的骨头。河北武安县磁山村新石器时代遗址，距今 8000 多年，出土了许多鸡骨。

酉鸡

山东民间剪纸：酉鸡

表现远古的经济生活，神话中有神农尝百草、后稷教稼、相土乘马、王亥服牛等等传说。这类传说中，有祝鸡翁养鸡的故事。汉代刘向《列仙传》载："祝鸡翁者，洛阳人，居尸乡北山下，养鸡百余年。鸡有千余头，皆有名字，暮栖树上，昼放散之。欲引呼名，即依呼而至。"有些传说故事，不必当成史实，却能以史料视之。祝鸡翁的传说，至少反映了古人对于家禽饲养的遐想。祝鸡翁的名字，可谓就地取材：养鸡免不了要呼鸡，呼鸡之声，祝祝、朱朱而已——这就有了祝鸡翁。

工艺品 鸡

远古先民将野生雉驯化为家养鸡，同时开始了一种积累——关于鸡的文化积累。酉与鸡的珠联璧合，为这种积累增添了绚丽的瑰宝。五代时人徐夤写过一首《鸡》诗：

名参十二属，花入羽毛深。
守信催朝日，能鸣送晓音。
峨冠装瑞璧，利爪削黄金。
徒有稻粱感，何由报德音。

诗人赞美鸡，特别指出它值得骄傲的资本——“名参十二属”，荣膺酉的勋号，跻身生肖行列。

大千世界，飞禽走兽，鸡以独有的魅力，在统辖岁月的十二生肖圆桌会议上，安坐一席。鸡代表了动物界一个庞大的类别——禽鸟。宋代学者朱熹探讨生肖文化之源，言及酉鸡，他说：“鸡为鸟属，而反居西。”其立论，就是将酉鸡作为十二生肖中禽鸟的代表。

酉的方位正西。“鸡为鸟属，而反居西，又舛之甚者”，这是以星空四象为参照提出来的。青龙、白虎、朱雀、玄武，四象之中，唯朱

民间剪纸 鸡

雀是禽鸟类；朱雀为南方之象。朱熹认为，四象中禽鸟的代表朱雀，和十二生肖中禽鸟的代表酉鸡，一居南一居西，讲不通。朱熹的思路不能说没有依据，因为中国古典天文学对于天空的表述，四象与十二支或曰十二辰，均具有方位意义。

早期天文学与瑰丽的神话交相辉映，酉鸡和朱雀，存在于先民们观天测天的遐想之中。朱雀是夏的精灵，居南方，主火。金鸡—阳乌—太阳，酉鸡是太阳鸟，随着日出日落，经天而行，方位被安排在夕阳落山的方向。朱雀和酉鸡，都反映了一个古老的命题：崇鸟敬日。

太阳东升西落，在天空中鸟瞰而过，引发了先民们关于太阳鸟的遐想。陕西华县泉护村仰韶文化遗址出土的彩陶片飞鸟负日图案所反映的，正是朴素而非华丽、简洁却具张力的畅想。

阳乌神话派生出金鸡寓日的传说。金鸡进入太阳传说，靠它与阳乌之间的相似性，但也还需要推动力。为此出了大力的，是酉鸡之酉。酉的方位西，五行金；酉是日落时分，有关神鸟的少昊神话中有穷桑，不仅可以视为日出扶桑的对应物，而且，其所冠“穷”，又同《史记·律书》“酉者万物之老也”，语异而义同。如果说，朝阳是新生的，那么夕阳不就是日之“老”吗？——也许只不过是巧合。《抱朴子》记：“酉日称将军者，老鸡也”。不讲子为老鼠、寅为老虎，偏说酉为老鸡，是不是缘于酉之老、落日之老呢？

至于朱熹的质疑——“鸡为鸟属而反居西”，且来看明代杨慎《艺林伐山》一书中的话：“子鼠丑牛十二属之说，朱子不知所始。余以为此天地自然之理，非人能为也。日中有金鸡，乃酉之属，月中有玉兔，乃卯之属，日月阴阳互藏其宅也。”这是一段颇有文化含量的话语。

鸡被古人称为德禽。这源自汉代《韩诗外传》一段著名的话，其说鸡：“头戴冠者文也，足傅距者武也，敌在前敢斗者勇也，见食相呼者仁也，守时不失者信也。”文、武、勇、仁、信，有此五种德行，鸡因此得誉称：德禽。

鸡有五德之说，不可小看。社会上德行多多，归纳为五种，是因为这归纳与金木水火土五行说挂了钩。所谓鸡有五德，虽然此五德非彼五德，但它们的文化背景是相同的。

鸡之五德，先说其文，“头戴冠者文也”。古时官帽，文为冠，武为盔。公鸡红色的鸡冠高耸，让人想到文冠。冠、官谐音，将雄鸡和鸡冠花绘为一图，叫“官上加官”，为旧时代的吉祥画。

清代官上加官粉彩盘

“足傅距者武也，敌在前敢斗者勇也”，是鸡为德禽的另两项内容。古今斗鸡的风俗，将这武这勇并用了。

鸡为德禽，还在于一个“信”字：“守时不失者信也”，鸡报时有信誉。《诗经》收有齐国民歌《鸡鸣》，表现鸡叫时分的夫妻对话，反映的内容更具有社会性。妻子说：“鸡既鸣矣，朝既盈矣。”她是国君的妻子，她说：鸡已经叫了，来上朝的人很多了。那个作为一国之君的男人却恋床不起：“匪鸡则鸣，苍蝇之声。”他装傻充愣，硬是把鸡喔喔说成是蝇嗡嗡。这首民歌反映了在计时器尚不发达的古代，鸡啼作为时刻度，在公共生活中的作用。

鸡

关隘城门也曾以鸡鸣之时为开门通行的时间。《史记·孟尝君列传》故事，孟尝君逃命来到函谷关前，时值夜半，后有追兵，关门紧闭。孟尝君的门客中有人会学鸡叫，口技引来一片鸡鸣，守关之吏误以为时辰已到，打开关门，孟尝君也就得了生路。“关法鸡鸣而出客”，这是由官方颁的、由守关吏卒强制执行的时刻表。秦重法治，然而这样一条“关法”，却被鸡鸣之徒的小伎俩钻了空子，以至两千年后明清之际学者顾炎武还要吟上一句：“吊古莫言秦法峻，鸡鸣曾放孟尝回。”其实，鸡鸣而开关并没有错，孟尝君得以骗开关门，反倒说明守关吏卒是依法行事的。

民间工艺画 鸡

鸡之鸣，留下“闻鸡起舞”的佳话，这见于《晋书·祖逖传》。一日之计在于晨，闻鸡起舞被用以形容一种积极向上的精神状态。

晨啼的习性，为鸡带来有趣的别称。鸡又名司晨、司晨鸟，还被称为烛夜、翰音、知时畜、长鸣都尉。晋代《古今注·鸟兽》：“鸡，一名烛夜。”着此“烛”字，最得风流。古人称赞鸡的守时，夸它如不眠的烛火一样，燃尽夜黑。

在传统民俗中，鸡还被当做避邪符号。汉代时，虎被当做镇邪神兽，如《风俗通义·祀典》所记“腊除夕，饰桃人，垂苇索，画虎于门，皆追效前事，冀以卫凶”，以虎避邪。后来，虎的这种荣誉被鸡分享了。大约魏晋之时，鸡开始成为守门避邪的神物。晋代《拾遗记》关于尧舜时代重明鸟的传说，讲鸡“使妖灾群恶不能为害”，传为元日画鸡的风俗。南朝《荆楚岁时记》载正月初一风俗：“帖画鸡户上，悬苇索于其上，插桃符其傍，百鬼畏之。”这与将正月初一称为鸡日，与迎新年贴酉的习俗，相互融会，成为容量颇大的文化单元。

酉谐音有，鸡谐音吉，民间美术以鸡作为吉祥画样的主角。画鸡于石上，画题就用谐音：“室上大吉”；鸡与荔枝合绘于一图，题曰“吉利万千”，也是以鸡为吉。在许多地方，迎年有贴道酉的风俗，又称为贴倒有、贴道有。其实，这是与酉鸡相关的岁时民俗。酉属鸡，道酉即道鸡。贴道酉就像贴春联一样，将喜庆的话语贴在门外屋内——这是祝吉的，所以叫“道酉”。

剪纸鸡

风伯犬首戌之神

十二生肖戌为狗。以狗为风神：祭风伯而重“戌”。有时即便不言狗，但已由“戌”透露了其中消息。如东汉应劭《风俗通义》：“戌之神为风伯，故以丙戌日祀于西北。”

“戌之神”云云，其实已将戌狗与风伯联在了一起。《后汉书·祭祀志下》记：“以丙戌日祠风伯于戌地。”唐代人编撰《通典》，未忽略这一史料：“后汉以丙戌日祀风师于戌地。”礼奉风伯，日期选戌，地点选戌。时间与空间都择戌而成礼，当是大有深意的设计。可以作为辅证的例子，是季冬出土牛的风俗，《后汉书·礼仪中》记：建丑之月，出土牛于“国都郡县城外丑地”。时在丑月，地在丑方。

戌狗

狗年新春剪纸

甲骨卜辞中即有为了止息大风，杀狗祀风神的材料。汉字“飙”，本作“猋”，保留了犬与风特殊关系的信息。《礼记·月令》“行秋令，则其民大疫，猋风暴雨总至”，郑玄注：“回风为猋。”《尔雅·释天》说风：“扶摇谓之猋。”疏曰：“暴风从下升上谓之猋。”而《说文》：“猋，犬走貌，从三犬。”由此可见，狗跑快如风与以狗为风神，当是有关联的。

民间工艺画 狗

又有人首犬身神兽，《山海经·北山经》说：狱法之山，有兽“状如犬而人面”，“其行如风，见则天下大风”。这段文字讲狗与风神，其中四点值得注意：一、人首犬身；二、行如风；三、此兽出现，天下便起大风；四、此山取名狱法，“狱”字双“犬”夹一“言”——这狱法山真不愧神犬的大本营。这其实就是关于狗为风神的传说。

古人造神，想象风伯犬首。明代王逵《蠡海集》说：“风雷在天，有声而无形，故假乾位，戌亥肖属以配之，是以风伯首像犬，雷公首像豕。”风神雷神，被设想在乾位。八卦分布周天，乾之位在西北方，对应戌狗亥猪。所以，“风伯首像犬”，雷公既有猴脸之说，也存猪首之说。

古人还想象，神犬既是司风之神，杀狗即可止风。明代《物理小识》引《墨子》：“烧黑狗皮扬灰风即起。”汉代郑玄注《周礼》：“披磔牲以祭，若今时磔狗祭以止风。”“若今时”即像现在，这说明郑玄生活的年代杀狗止风习俗广为流行。当代有学者指出，这种磔狗止风的俗信，可归为威胁性的巫术。

民间剪纸 狗

不该忽略在以狗为风神、杀狗以止风的观念中，地支戌的意义。

戌的方位，西而偏北。这基本上与我国大陆冬季寒流的方向相一致。不言而喻，对于和煦的风、清凉的风、带来舒适惬意的风，人们是不会用血淋淋的磔狗的方式，去祈求风停风息的。“碧玉妆成一树高，万条垂下绿丝绦。不知细叶谁裁出，二月春风似剪刀”，这样的风，人们不会想到要停止它；“暮春者，春服既成，冠者五六人，童子六七人，浴乎沂，风乎舞雩，咏而归”，这暖暖的春风，人们不会讨厌它；“农家少闲月，五月人倍忙。夜来南风起，小麦伏垅黄”，这样的风，人们没有必要驱除它。然而，对于带来强降温的大风，对于为严冬增加冷酷的大风，人们的感觉就不同了，盼着风能停下来，风和日暖。寒冬西北风，大体合于戌的方位。以狗为风伯，这应该是一个重要的缘由。

风神有着戌狗的影子，传说中的天狗也是如此。民间传说天狗吃月亮，以此作为对月食乃至日食的一种解说。“五四”新文化时期，郭沫若的新诗创作激情喷涌，他吟涅槃之凤凰，也诵《天狗》：“我是一条天狗呀！我把月来吞了，我把日来吞了，我把一切的星球来吞了，我把全宇宙来吞了。我便是我了！”

天狗吃了月亮吞了太阳，天下人就得有补救的举动。浙江宁波谚

工艺品 狗

语“天狗吃月亮，地下放炮仗”。台州谚语“破鼓好救月”。湖南怀化俗谚“天狗吃月，脸盆子敲缺”，又说“破锣破鼓好救月”。一是要放炮，一是要敲鼓敲锣敲盆子，相信弄出响声来，这么一吓，天狗会吐出月亮、吐出太阳。

天狗吞太阳，特别是吃月亮——吞太阳概由吃月亮扩展而来，其实是五行生克之说的衍生物：戌狗居西，西方属金；月兔为卯，居东，东方属木。天狗吃月亮，金克木。

射天狗也成为一种传说。这是关于生育习俗的传说，隐隐约约之间，与月食日食有些关系。辽代传奇小说《焚椒录》记懿德皇后故事，讲其母梦月坠怀而孕，后又梦见月亮东升，升至中天，被天狗所吞食，惊醒后生下了她。这个故事，将天狗食月与怀孕生产融为一体，是反映当时民间生育俗信的重要材料。至于射天狗，则有一位张仙。清代山东潍坊民间年画有《张仙图》。看那张仙，弯弓控弦，却并没有箭支上弦，他射的是弹——民间以此讨口彩：“弹”即“诞”，所以民间讲张仙送子。至于天狗，潍坊年画将其绘为神犬双翼的模样。画面五子游戏于张仙周围，这又反映了有关张仙俗信的另一个内容：他不仅是送子神还是儿童保护神。

狗

清乾隆年间短篇小说集《萤窗异草》中有《张仙》一篇，开篇写道：“人之艰于嗣者，多绘张仙以奉之，以其能卫厥子孙也。其像为美丈夫，锦袍角带，广颐丰髭，左挟弹，右摄丸，飘飘乎有霞举之势；仰视云中，一犬叫嗥而去，盖即俗所谓天狗也。……遇小儿惊啼，祷之辄应……”这段文字，对于了解张仙信仰，了解张仙画的构图，都是有价值的。至于小说的主要情节，则如《聊斋》故事一般：某县画师以画张仙闻名，其门若市，因此致富。有一美貌少妇来求，画师见妇心动，不能自主，画成张仙天狗神像后，戏书其年庚八字于画轴，并祝曰：“倘有夙缘，当即于梦中相晤也。”少妇请张仙画回家，常觉得画上张仙来与自己交合。向丈夫讲

山东潍坊传统年画 张仙图

时，“犹以为神之佑之也”。妇人之夫认为这是妖异作祟，撕画付火。焚画之时，画师在自家画店里大呼有火烧身，随即身亡。这篇小说从一个侧面反映了张仙天狗信仰的情况。

狗由凶恶的狼进化而来。早期人类将野狗驯化为家犬，作为狩猎的助手。狗对于人类文明的奉献，择其大者，可如李时珍《本草纲目》的归纳：“狗类甚多，其用有三：田犬长喙，善猎；吠犬短喙，善守；食犬体肥，供饥。”如需补充的话，先要加上牧羊犬，再添上宠物狗。

吠犬善守，看守门户。明代《七修类稿》解说十二生肖的选择，“戌亥阴敛而潜寂，狗司夜，猪镇静，故狗猪配焉。狗猪，持守之物也”。司夜、持守，用来说戌狗，似乎要比说亥猪恰当一些。

剪纸狗

“家”中有“豕”也有“亥”

亥猪

亥属猪，“亥”与“豕”字形相近，自古成为一个话题。表示讹误，有成语“鲁鱼亥豕”。这亥、豕之讹，与亥属猪有没有关系？汉代时，著《说文》的许慎将此举为生肖的例子：“亥为豕，与豕同”。那口气，“亥”与“豕”仿佛是可以等量齐观的。

“亥为豕，与豕同”的情况，在早期文字中，见于组字偏旁。如“家”字，其“宝盖”下“亥为豕，

山东民间剪纸 亥猪

与豕同”的例子。

这种“亥”代“豕”的现象，提供了一个途径，可以假道于此，为亥属猪溯源。不言而喻，如此刨根问底，一刨就刨到了殷商。

“家”中有个“豕”，“宝盖”下那只“豕”取义何在?

“豕”代表财产。认为“家”是一个会意兼形声字，从“宀”从“豕”表示房屋和猪——财富的标志，因为在农业部落唯有家猪最能象征财富。

工艺品 猪

另有一说，提出据甲骨卜辞得知，殷人祭祀祖先的场所称为“家”。“家”既为宗族祭祀的宗庙，“家”中“豕”表示什么？那就应是祭祀用品——祭品之猪了。

古文字堪称信息库。“家”字所凝结浓缩的，不仅有原始社会的结构方式，也蕴藏着远古时代饲猪用猪的史迹，包括养猪带给人们的文化思维。

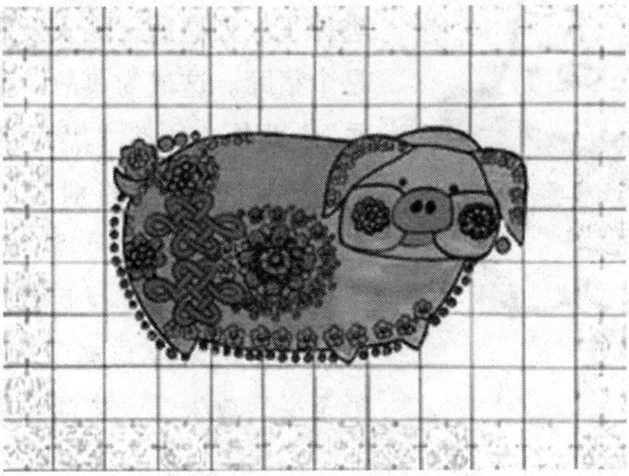

民间工艺画 猪

在我国传统文化体系中，十二地支既是序数，又是方位标志，因

民间剪纸 猪

而具有某种符码意义。如地支最末一项——亥，它方位居北，属水，色黑。十二属相由于和地支的对应关系，也就具备了这种符码意义。在这方面，亥猪颇具典型性。

猪的异名，称为“乌喙将军”，一乌一喙，取的是特点。《幽怪录》故事，有人黑夜中遇一精怪，自称“乌将军”，他取出佩刀砍断对方的手腕，那精怪疼得大声喊叫着，逃掉了。天亮后，那人发现自己砍掉的是个猪蹄。这成为典故，猪又名“乌将军”。此外，还有“黑面郎”、“乌金”、“乌鬼”，都是猪的别名。在古人的眼光里，猪的正色当是黑。但是，这并非因为不存在白猪。《后汉书·朱浮传》载，大将军朱浮与渔阳太守彭宠失和，彭宠举兵攻朱浮，朱浮致书彭宠，故意刺激他。信中举“辽东豕”为例：“往时辽东有豕，生子白头，异而献之，行至河东，见群豕皆白，怀惭而还。若以子之功论于朝廷，则为辽东豕也。”辽东之猪尽黑，那个辽东人没见过白猪，有点囿于见闻了。然而，尽管黄河以东地区白猪成群，毕竟没能成为主流之色。

猪

猪色黑的概念，除了黑猪比较常见的原因，应与猪属亥有关。亥为北方，属水而色黑。

猪之属亥，猪之位北，猪之色黑，猪之主水——古人体天察地的大思维，赋予猪这些符号意义，由此，产生了猪与北斗的传说。唐代僧一行是我国古代卓越的天文学家，唐代《酉阳杂俎》记录了当时流传很广的一则传说，讲知晓天文玄秘的僧人一行，竟将北斗七星逮住了，封在罐子里。更神奇的是，七星原来是七头猪。

这颇有些怪诞的故事，是唐代人信口胡诌的吗？不是。汉代人已有了关于北斗化猪的遐想，《古今图书集成》引《春秋纬·说题辞》：“斗星时散精为彘。”若要为僧一行故事找根源，这“散精为彘”的最简单的理解，不就是说七颗星变成七头猪吗？

明代时，“北斗相传如豕状”仍在流传，且有人笃信不疑。《蠡海

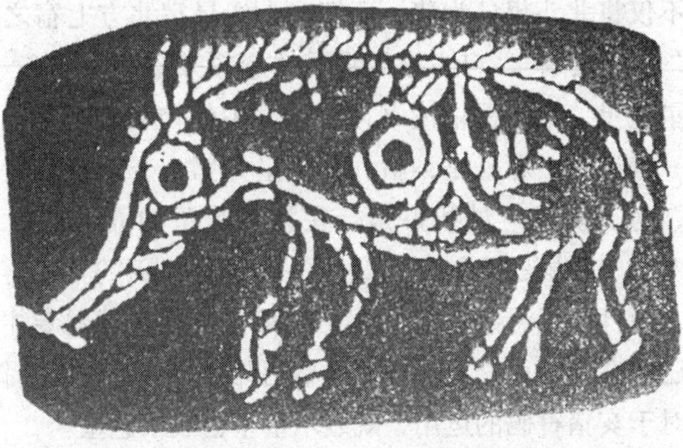

河姆渡遗址出土黑陶盆的猪纹

集》讲“北斗居亥”，并说“雷公首像豕”、“豕肖属以配之”，是得自亥猪的想象。

早在新石器早期，浙江余姚河姆渡遗址出土的猪纹陶钵，就已有了描绘猪图像的“斗魁形陶钵”。钵的造型本身如斗魁，用来象征北斗星。陶钵一面描绘猪纹，猪腹部绘有颇为显眼的双线圆圈，以强调猪纹来表示天星的意义。

剪纸 猪

古人不仅将北斗想象为猪，还把二十八星宿北方七宿之一奎宿想象为猪。“奎主文章”，自古被认为是“仓颉效象”。后来，人们又将北斗第一星魁星，奉为保佑读书人科举高中的神明。奎星与魁星，两者之间有一条连线，那就是：猪。北斗星为猪，奎星也是猪。这早已注入民俗，为了读书应试祈好运，在礼奉魁星的同时，古人借猪说“题”。比如，《雁塔题名》年画，画一头显露四蹄的猪。再比如，试前吃猪蹄，而且要煮得熟熟的，叫“熟蹄（题）”，试题专往你的长项上碰，那还愁高中不得？这些涉文之事用蹄，古人往往要选择猪脚的。这其实是对于亥猪符码的运用，既表示奎星也表示魁星。

第四章

民间习俗中的十二生肖

本命与本命年

所谓生肖，顾名思义，生年之肖物——即生年所属的那个“相”。生肖与十二地支相对应，所肖所属，在于地支。

生肖十二种，每人一属相，形成一道民俗风景线。以生肖表示生年，最常用的一个字是“属”。《北史》录有一封以母亲名义写给儿子的信，信中写道：“昔在武川镇，生汝兄弟，大者属鼠，第二属兔，汝身属蛇……”虽是代笔，但信写得挺有母子亲情。八十岁的老母，说起三个孩儿，以属相说年岁，“大者属鼠，第二属兔，汝身属蛇”，言语间沁着浓浓的母子情和家庭生活的气息。属鼠的老大比属兔的老二大了三岁，属兔的老二又比属蛇的老三年长两岁。

这种语言方式，在民间广为习用。明代小说《金瓶梅》第十三回描写：

西门庆问妇人多少青春，李瓶儿道：“奴属羊的，今年二十三岁。”因问：“他大娘贵庚?”西门庆道：“房下属龙的，二十六岁了。”妇人道：“原来长奴三岁……”

问年岁，先报属相，小说反映了明代人的习惯。清代小说《聊斋志异》的名篇《婴宁》，描写王生见婴宁，有一段对话：

生问：“妹子年几何矣?”媪未能解。生又言之。女复笑，不可仰视。媪谓生曰：“我言少教诲，此可见矣。年已十六，呆痴才如婴儿。”生曰：“小于甥一岁。”曰：“阿甥已十七矣，得非庚午属马者耶？”生首应之。

蒲松龄写狐写鬼，用的却是人间生活的积累，比如《婴宁》这段情节。婴宁鬼母说婴宁十六岁，王生便讲小于自己一岁。媪紧接着讲：你十七岁，该是庚午年生，属马吧？

生肖与生俱来，相伴终生。人们不会忘记自己属什么，就如同不会忘了自己姓何名谁。相逢问年岁，答以属鼠，答以属牛，言者闻者自有一种默契，沿袭为风俗。

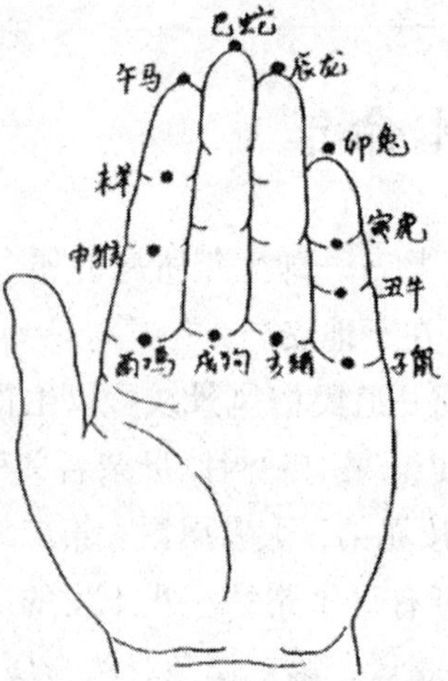

以左手指节和指尖推算生肖

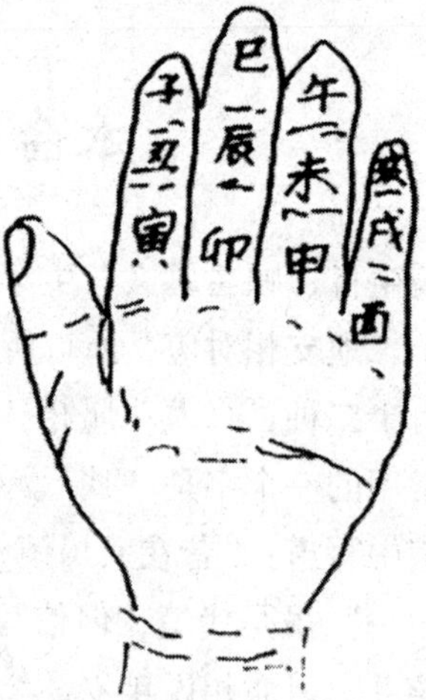

以左手十二指节推算生肖

数属相，可以点着指头来数。其方法有二。在东北一些地方，人们习惯于用一只手的拇指，指点其余四指来数。食指、中指、无名指和小指，每指三个指节，共十二个指节，正好为生肖数。食指指尖为子鼠，向下为丑牛，再下为寅虎；中指由下向上数，指肚为卯兔，指中为辰龙，指尖为巳蛇；无名指由上向下数，午马、未羊、申猴；小指由下向上数，酉鸡，戌狗，数到指尖为亥猪。另一种方法，数指尖和指节，在手掌上转着圈数，恰好十二生肖一循环。

这十二年的一循环，民间称为“巡”。

巡，本为动词，在生肖民俗语言中成为量词，表示岁月十二年一复始的流转，真是绝妙之至。宋代苏辙《守岁》诗：“於菟绝绳去，顾兔追龙蛇。奔走十二虫，罗网不及遮。”十二虫即十二生肖。诗人想象十二生肖你来我往，交班接班，简直如一路小跑那样来去匆匆，挡也挡不住。一个“巡”字，正得此韵味。巡，既好像在描绘十二生肖依次登台值岁的过程，又好像在形容时光用了十二个春秋，完成对于十二种属相的一次巡礼。

一巡之中，每个人都会遇到本命年。属鼠人逢子，属牛人逢丑，逢到自己属相的年份，就叫本命年。本命年又称“本年”。例如十三岁的孩子，属虎又逢虎年，大人会对他讲：今年是你的本年，本命年要小心！

牛年邮票

风俗为本命年编出许多讲究。民间流传着一种说法，叫做“本命年关槛说”。“关槛”或称“槛”，也写做“坎”。总之，每十二年有一个“槛儿年”。作家孙犁生于1913年，农历癸丑，属牛。1985年岁次乙丑，又逢牛年，老作家年逾古稀，也不免受到本命关槛之说的影响。这一年11月3日他给作家姜德明写信：“今年是我的本命之年，又是中国民间常说的一个‘坎’，事情多不顺利。我每日都处在一种韬晦求安的心情中。文章也写得少了，确实觉得也没什么好写的了……”生于1952年的陕西作家和谷，属龙。他35岁时写了一篇《我的门槛》，“辞虎迎兔的这些时日，我愈是惦记着我的门槛了”，“扳指头数来，鼠大、牛二、虎三、兔四、龙五”，“在即将第三轮与龙会面时，却成为自己的本命年，俗称门槛”。72岁的老年作家、36岁的青年作家，都生活在本命年的风俗里。

“槛”和“坎”，音同义近，又有区别。关槛，将人生比作若干阶段，每十二年为一段，每段之间以“槛”间隔，这“槛”就是本命之年。至于“坎”，作为八卦卦名之一，它表示险难，构成“坎坷”这一组词。将本命年称为“坎”，意思即多事之秋。

本命年的风俗，就着眼于消灾趋吉求平安。在北方广为流传的风俗是穿红扎红，至今犹然。要穿红背心红裤衩，扎红腰带。民俗的符号中，红色代表驱邪和吉庆，正是本命年所需要的。在内蒙古东部地区，重视男孩十二岁生日。这一天，孩子要扎红腰带，家长要置办酒席，亲友要赠给男孩礼物钱帛，以示乞福。红腰带，扯红布为之，有的则要绣上本命属相，绣上“平安”、“长命百岁”等字样。

在一些地方，本命年的腊月三十晚间忌出门。值本命的成年人或孩子，这一天从太阳落山起，闭门不出，直至翌日太阳升起。已婚男子还要由妇人陪伴。

六十花甲的本命年，为民间所重。青海河湟一带有“本命禳解”旧俗。从60岁开始，本命年庆寿径称“禳解”——人们相信，人逢本命多灾殃，进行禳解，才能消灾迎祥。“本命禳解”庆寿诞，仪式一如寿材落成的仪式，并且要增加一项礼仪，即由儿子、儿媳或女儿、女婿献上红衬裤、红绫裤带或红布，当日穿上系上。我国朝鲜族同胞称六十祝寿为“换甲”、“周甲”、“还历”，儿女要为老人办“换甲宴”。

花甲是人生的第6个本命年。这是干支纪年的一个大循环。从12岁起，人生的前四个本命年，再逢自己的生肖年份，纪年地支相同，天干并不同。比如甲子年生人，属鼠；12岁的本命年虽为子鼠之年，但岁次丙子；24四岁时的鼠年，则为农历戊子年。只有到了花甲年，才又重逢干支为甲子的鼠年。

属羊属虎的性别歧视

老年间传下一种无稽之谈，女属羊、女属虎，不是好属相。这种旧观念，明显地存在着性别歧视。男子属虎好，属羊也不坏，轮到女子，便生出种种不好的说法，这显然是一种男女不平等现象。

且说属羊。“男属羊，黄金堆屋梁，出门不必带口粮；女属羊，命根硬，克夫克爹又克娘”，还有“男属羊，出门不用带口粮；女属羊，家里没有隔夜粮”，等等。同是属羊，对比的反差如此之大，这不是性别歧视是什么？

与女属羊相比，女属虎也不被看好。封建时代的旧观念，主张男尊女卑。夫权在上，社会认为是正常的。倘若家庭里出现了女主人颐指气使的情况，以社会观念的尺子来衡量，便被认为反常。旧时有个词叫“惧内”，女尊男卑是另一种不平等，当然也不好；但旧时代对于“惧内”的嘲弄和夸张，其实不尽是“惧内”而成病态，倒是社会男尊女卑观念的一种折射，一种病态的反映。在这种封建观念之下，产生了对于女属虎的偏见。

“惧内”的那个“内”，被称为“河东狮子吼”，是文人所用的。那个“内”，在平头百姓、黎民大众的口语中，则有一个更形象的贬称，叫做“母老虎”。汉语词汇里，没有“公老虎”，却有“母老虎”。这在隐而不显的层面上说明了对女属虎的偏见。关于虎属相的荒谬之说，就这样流传开来的。

人的属相只是用来表示生年的，不可能成为人的“属性”。将本无关联的两种事硬扯到一块，把本没有任何道理的比附说得煞有介事一般，生肖迷信表现得很典型。对于这类迷信，就是在旧时代，也有直指其谬的明白人。清代小说《镜花缘》的作者李汝珍，便说理透彻地表达了真知灼见：

尤可笑的，俗传女命北以属羊为劣，南以属虎为凶。其说不知何意？至今相沿，殊不可解。人值未年而生，何至比之于羊？寅年而生，又何至变为虎？——且世间惧内之人，未必皆系属虎之妇。况鼠好偷窃，蛇最阴毒，那属鼠的、属蛇的，岂皆偷窃、阴毒之辈？龙为四灵之一，自然莫贵于此，岂辰年所生，都是贵命？此皆愚民无知，造此谬论，往往读书人亦染此风，殊为可笑。

《镜花缘》对生肖迷信的批判，可谓痛快淋漓，并且触及这类迷信的要害，这就是："人值未年而生，何至比之于羊？寅年而生，又何至变为虎？"生于未年，属羊只是未年的符号，不该比拟为羊；生于寅年属虎，虎不过是寅符号，人不会因为属虎而沾染"虎性"。属相只代表年份，并不能表示其他。

生肖取名

明代画家唐寅出生于虎年，他是长子，所以字伯虎，又因"虎"而字子畏。寅、伯虎、子畏，取名取字，做足了生肖文章。这是以生肖取名的例子。据清代汪启淑《水曹清暇录》载，宋代就曾有人取名唐伯虎。看来，以寅、虎取名取字，并非仅有那个明代的风流才子。及至晚清，造轮船、造火药，以图增强国力的科学家徐建寅，一名寅，字仲虎。名和字，也取自寅属虎。

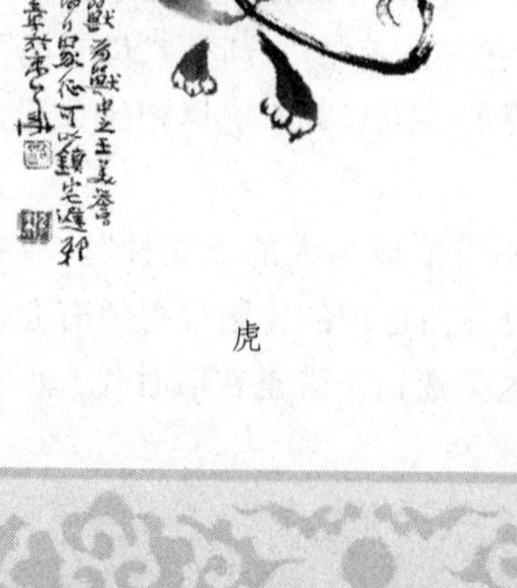

虎

生肖取名，《南史》多有涉及，如《齐本纪》记武帝萧赜生于南朝宋元嘉十七年，岁次庚辰为龙年，小名"龙儿"；并记其母将产之夕，"梦龙据屋"云云。

关于狗儿、猪儿，《南史·张敬

儿传》有："其母于田中卧，梦犬子有角舐之，已而有娠生敬儿。故初名苟儿。又生一子，因苟儿之名复名猪儿。宋明帝嫌苟儿名鄙，改为敬儿，故猪儿亦改为恭儿"。张狗（苟）儿的出生，据说是母亲梦见长了角的狗，并被那狗舔了，怀上他。这与梦属相而怀孕的故事颇有些相似，只可惜《南史》没有交代张狗儿的生年。但是，不妨推想他正是生于戌年，因为他的弟弟取名猪儿，很可能只小他一岁，生于逢亥之年。

以生肖取名，迄今发现最早的记载十二生肖的秦代简书——云梦睡虎地秦简即记载了相关的内容。到了西汉时期，成都才子司马相如幼时名叫"犬子"，《史记》为其立传，特记一笔："其亲名之曰犬子。相如既学，慕蔺相如之为人，更名相如。"乳名为何取了个"犬子"？唐代司马贞《索隐》："爱而字之也。"这爱大约有两层意思，一是"犬子"、"小狗子"这样喊孩子，有一种视若心肝宝贝的亲昵感；二是取贱名的孩子好养，愿自家孩儿无灾无病，健康成长。司马相如得此乳名的同时，大概也承受着这样的亲情之爱。然而，还有一条是以往所忽略的：司马相如生于公元前 179 年，这一年岁次壬戌，属狗。

狗

阿狗阿猪，这些"贱名"寄托着对孩子的爱，也可能包含着将属相做称谓的情况，这样的例子不只存在于古代。老舍之子舒乙在《老舍》一书中的记述：

老舍生于 1899 年 2 月 3 日。那一年是戊戌年，清朝光绪二十四年，按阴历算，是狗年。老舍是年底生的，姑母给他起了一个很不中听的外号：小狗尾巴。属狗，和属猪、属鸡、属兔一样，没什么高低贵贱之分，没有什么不光彩的，可是"狗尾巴"，而且是"小狗尾巴"，实在令人接受不了。所以老舍小时候总是说他是糖瓜祭灶的那一天生的，在灶王爷升天的时候光荣落地不比"小狗尾巴"光彩得多、神气得多?

老舍生于戊戌年腊月末，姑母为他取名，亲昵地唤一声“小狗尾巴”，叫贱名的孩子好养，那是寄托着一片爱心的。“小狗尾巴”还有狗年末尾的意思，不仅含生肖，连腊月也含在这乳名里了。

育儿习俗

潘鲁生编著的《中国民俗剪纸图集》写道，在农村，孩子出生后，母亲要为小宝宝剪属相，如是虎年就剪个虎，龙年就剪个龙贴在床头。这种民俗形式渗透了深沉的母爱。

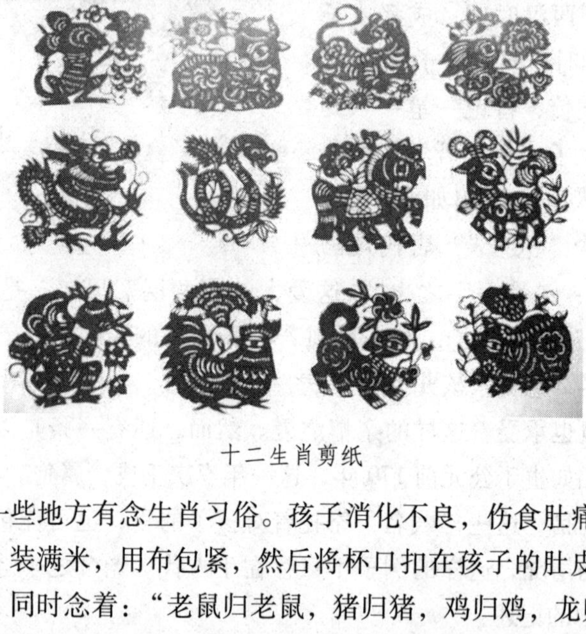

十二生肖剪纸

浙江一些地方有念生肖习俗。孩子消化不良，伤食肚痛。大人拿来小盏杯，装满米，用布包紧，然后将杯口扣在孩子的肚皮上，轻轻地擦几下，同时念着：“老鼠归老鼠，猪归猪，鸡归鸡，龙归龙……”将十二生肖念个遍，再说：“孩子，它们都帮你吃，你一下子就不痛了。”小孩子肚内积食，肠胃不适，念一念生肖歌谣，哄哄孩子，减轻病痛。在这近乎巫术的形式之中，生肖成了“特邀食客”。

家庭是孩子的早期教育的第一课堂。牙牙学语、蹒跚学步的同时，该教孩子数数了，就有歌谣一二三四五，数数也数生肖：

十二生肖

一鼠贼仔名，二牛驶犁兄，
三虎爬山崎，四兔游东京，
五龙皇帝命，六蛇受人惊，
七马跑兵营，八羊吃草岭，
九猴爬树头，十鸡啼三声，
十一狗吠客兄，十二猪菜刀命。

流传于宝岛台湾南部地区的这首儿歌，既教孩子数字的排列，又教生肖顺序，还以简明的方式概括十二种动物的特点，可谓多方面的启蒙。

反映这样的育儿民俗，除了歌谣，还有图画。参加第六届全国美术展览年画新作品《认属相》（天津杨柳青画社出版）就是教孩子辨认属相的。这是鼠，那是牛，一身斑纹的是虎，竖着两耳的是兔……在学会认识十二种动物的同时，也接受了生肖文化的教育。

十二生肖齐全，具有生生不已的含义。《连生贵子图》是过去河北民间的历画。画面上沿印“九九消寒图”花边，下有十二生肖。主图两个圆，左边圆圈内两个儿童分别手持荷花、莲蓬，两个头脸、四个身子，可以看成四童嬉戏；右边圆圈内，三个儿童分持桃子、石榴、元宝珊瑚，三童又能看出六童。以五个头脸，巧妙地组成十个儿童，俯仰卧立，连环而绕，仿佛连绵不绝。这正与十二生肖所具有的生生不已的含义相同。在数九寒冬，居家贴上这样一幅画，既是对春天的呼唤，更是对成长中孩儿的祝福。

沈建东《苏州生育习俗初探》载，过去苏州有寄名习俗，孩子出生排八字，“如有冲撞就要寄名，如需找马，则寻属马的继父”，希望以此求得孩子的平安健康。

马年邮票

旧时，在青海河湟地区，如果孩子久病不愈，迷信老例儿的人就会说孩子犯了关煞。为了除病，要过关煞。仪式是：请属龙或属虎者一人，拿一把铡刀，刃口向下横在门的上方，父亲或母亲抱孩子由门中过。门旁人问：“青龙关过了吗?”持刀者答“过了!”再问白虎关、凤凰关、勾陈关、朱雀关，持刀者一一应答：“过了!”人们相信，经此一番仪式，过了关煞，孩子便可以摆脱疾病的纠缠了。属龙属虎，是民间所谓“大生肖”，有时被赋予辟邪的威力。由此，属龙属虎人在过关煞的仪式中成为重要的角色。

儿童的游戏，据台湾出版的《野台锣鼓》一书介绍，有“扮十二生肖”。参加游戏的小伙伴们依次扮演十二生肖，由“鼠仔鼠食油”开始。扮老鼠的人要蹲在地上作偷吃灯油状，身体一鞠一躬，其他伙伴分别以一只脚从其背后跨过。如不小心碰到“老鼠”的身体，就要由他接着扮下一个生肖。第二个节目是“牛仔牛过溪”，一人扮牛，蹲在地上，小伙伴依次从他背上跳过去。跳之前先要问：“你是死牛还是活牛？”扮牛者答以“死牛”，对方可打他屁股一下。若答以“活牛”，对方就说：“好，草给你吃，但是要载我过溪。”然后，从“牛”背跳过去。跳不过者，接着扮下一个生肖。第三个节目为“虎仔虎趴壁”，扮虎的孩子蹲在地上，双手乱抓，做爬壁状。其他人分别单脚着地，从“虎”头上跨过，如被“虎”抓到，则接着扮下一个生肖。此后，“兔仔兔望月”、“龙仔龙绞水”、“蛇仔蛇剥皮”、“马仔马翻砂”、“羊仔羊长角”、“猴仔猴洗脚”、“鸡仔鸡扑翼”、“狗仔狗钻洞”，直到“猪仔猪食潘”——扮猪者双手着地，躬着背，嘴里发出猪吃馊水的声音，其他小伙伴依次从他背上跳过去。

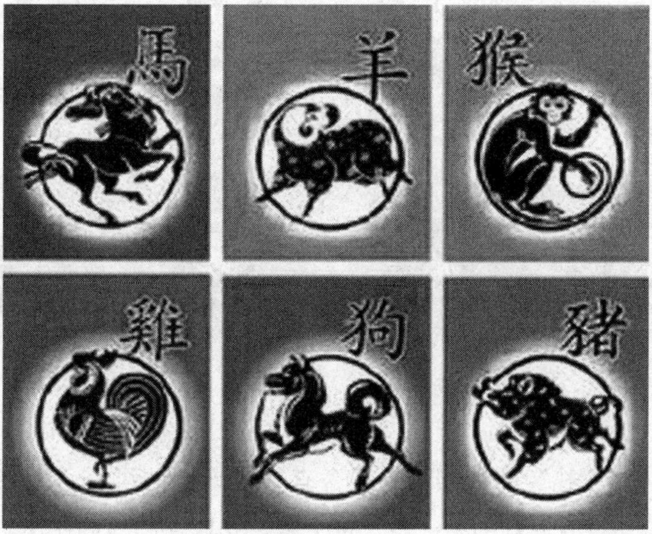

十二生肖中的后六种

扮十二生肖，体现了儿童游戏的特点。一、熟悉十二生肖排序；二、模仿生肖动物的各种动作，普及了动物常识；三、矫健了身体。

这样的游戏，符合儿童心理，寓教于乐，且是孩子们的自我教育。

婚 姻 习 俗

婚姻是人生大事。以“父母之命，媒妁之言”为特色的传统婚姻礼俗，是一种包办婚姻，讲究“六礼”，即纳采、问名、纳吉、纳征、请期、亲迎，六个谈婚论嫁的步骤。纳采即男方向女家提亲，纳征是过彩礼、送嫁妆。

车花十二生肖方牌

传统“六礼”的另四项，均含有生肖方面的讲究。提亲未被回绝，是缔结秦晋之好的第一步，接下来，要向女问名问年庚八字，以便批八字——此即问名和纳吉。这是婚姻成否的关键。八字为生辰年月日时的干支，看双方的八字相合还是相克，旧时有专操此营生的八字先生。在民间，还有一种更为大众化的“纳吉”，那就是看属相。

属鼠与属牛相合，有顺口溜“黑鼠黄牛正相合，结交匹配不岔脱。儿女百年多长久，富贵荣华福禄多”；属马与属羊相合，“红马黄羊两相道，这等婚姻不罪累”；属猴与属蛇相合，就讲“红蛇白猴满堂红”；属虎与属猪相合，所谓“青虎黑猪上等婚”；属龙与属鸡相合，属兔与属狗相合，民谣说“黄龙白鸡更相投，青兔黄狗古来有”，又说“赤兔黄狗古来有，万贯家财赛北斗”。

批八字，要合；论属相，要合。这道纳吉的程序，旧时民间索性称其为合婚。东北朝鲜族则称其为穷合或宫合。1928 年北京《房山县志》载：

合婚人，俗曰算命先生。谓人生之年，按十二地支皆有属象，如子年属鼠、丑年属牛之类。两象不合，名曰“犯象”，为大忌，不可定婚。往往两姓人品、门第皆宜，有因犯象而不能结合者。

属象即属相。议婚双方的属相不合，往往形成“一票否决”的局面，虽人品相宜，门当户对，也难结秦晋之好。与此年代相当的浙江《宣平县志》也有类似记载：

议亲之始，以男女所属之干支，如鼠、牛、虎、蛇之属，命日者合婚，吉则成，凶则否。亦有竟以男女年、月、日、时互易筮卜者。

纳吉而吉，合婚而合，婚姻有成，自是皆大欢喜。可是，也有生肖相克之说，若被“合”为相克，双方便不免要犯难了。民间流传的顺口溜，被山东平度的传统年画绘为一图，共为六对：猪遇猿猴不到头，羊鼠相逢一旦休，蛇见猛虎如刀断，从来白马怕青牛，青龙过兔云中去，金鸡见犬泪交流。俄罗斯圣比得堡博物馆收藏的中国杨柳青年画《合婚当避》，图案为童子骑着属相动物，相克的两个捉对厮杀，画面上方还有“从来白马怕青牛”一类的顺口溜，称为《合婚当避歌》。杜撰出生肖的所谓“不合”，且又“泪交流”、“不到头”，说得如此相犯，男女双方如何是好？这种迷信的说法，自古阻断了许多好姻缘。

旧时朝鲜族风俗，议婚时由男方托请媒人，女方如有意，男方将姓名生辰帖送过去。女家将其与姑娘生辰一起推算，是为穷合。其俗最忌庚戌年出生男子与甲寅年出生女子相婚配，说是“女属虎，男属狗，虎为兽王定克夫”。相合的属相是羊配牛、猪配马，等等。陕西等地俗语：“龙跟虎，就不到老。”认为属龙与属虎不适合婚配，所谓“龙虎斗”。江苏旧俗，议婚合算八字，同时要看双方属相合不合：“羊”配“虎”，就说是“羊入虎口”；“龙”配“虎”，又说“龙争虎斗”。属羊属虎，女子有禁忌，男子则没有，造成这一偏见的观念意识，本书前已分析，简直如同性别的歧视。

尽管有此陋俗，属羊属虎的女子，毕竟还是要找婆家、出门子。相应的对策也就出来了——报年岁时，或多或少地弄点虚：上半年出生的向上靠拢，属羊报成属马，属虎报成属牛；下半年出生的向下迁就，属羊报成属猴，属虎报成属兔。禁忌就这样破了，真可谓民众有智慧，巧力破千斤。

这种事，旧时的媒人做起来，可是轻车熟路。明代小说《金瓶梅》第九十一回，写媒人薛嫂，以其言记其人：“咱拿了这婚帖儿，交个过路的先生，算看年命妨碍不妨碍。若是不对，咱瞒他几岁儿，也不算说谎。”如此合婚，焉有不合？

再有一个办法，就是“收买”批八字的先生，求他口下留情。梁实秋写过《算命》一文：

有一对热恋的青年男女，私订终身，但是家长还要坚持“纳吉”的手续，算命先生折腾了半天，闭目摇头，说：“嗳呀，这婚姻怕不成。乾造属虎，坤造属龙，‘虎掷龙拿不相存，当年会此赌乾坤’。……”居然有诗为证，把婚姻事比做了楚汉争。前来问卜的人同情那一对小男女，从容进言：“先生，请捏合一下，卦金加倍。”先生笑逐颜开的说：“别忙，我再细算一下。龙从火里出，虎向水中生。龙骧虎跃，大吉大利。”

这是具有讽刺意味的一幕，由婚姻难成到大吉大利，金钱起了作用。随方就圆，全在算命先生念念有词地一通“捏合”。合婚而至于捏合，“捏”字选得太妙了！

仍来继续谈“六礼”程序。纳吉得吉，婚约既订，纳征之后，再进一步的程序，轮到了请期——商定迎娶的日期。确定大喜日子，要看新嫁娘的生肖。黑龙江绥化一带婚姻风俗，1919 年《望奎县志》

有载：

择嫁娶吉日，按女之属相，或龙或马，皆以女命为主。如“正七应鸡兔，二八虎猴强”是也，盖谓正月、七月为酉年、卯年所生女子之嫁月也；二月、八月为寅年、申年所生女子之嫁月也。凡下轿、拜天地、坐帐、开脸等事，所用吉时，皆取天干、地支与女子年、月、日、时不相克害者为佳。

请期看属相，特别重视女方。正月、七月，是属鸡属兔女子过门的吉祥月份，二月和八月，为属虎属猴女子成婚的好月份。这种风俗，在一些地方称为“行嫁月”

请期的程序，在辽宁称为“送年命帖”。1930 年辽宁《桓仁县志》记:双方商定大喜的日子，“婚期将近，媒人送庚帖于女家，俗呼‘年命帖’，用红柬开明行礼时日与属相之忌避，梳头、坐帐之方向，赞以吉语，并以面食相馈，取日进蒸腾之义，与古礼请期之意相符”。婚期的挑选，要看新娘子的属相，要选相合的月份；参加婚礼的人，也有属相方面的选择，以避免生肖相克。吉林《临江县志》则将“年命帖”称为“婚单柬”，也送红柬，“内注明婚期时辰及命属之忌避”。

亲迎完婚，对于参与迎亲、送亲的人，旧时也讲属相禁忌。山东流传的歌谣是：“辰子申忌蛇鸡牛，巳酉丑忌虎马狗，寅午戌忌猪兔羊，亥卯未忌龙鼠猴。”新人属龙属鼠属猴者，忌属蛇属鸡属牛者迎亲送亲，等等。甘肃张掖地区的传统风俗，新娘子乘车到男方家门口，生肖相忌者“一律回避，不得露面”。

在台湾，婚礼之日有忌有宜，见于 1980 年《台北市志》所记：“由生肖龙或蛇之孩童在其床上翻转，称‘翻床’，以是早生贵子之征。”但是，“婚嫁严忌属虎者观看，盖迷信虎将伤人，以致夫妇不睦，或不生儿子”。并不看新人的生肖，只是希望属龙属蛇的孩子在婚床上打个滚，视为新婚得子之兆；却忌讳属虎者出席婚礼，“迷信虎将伤人”——依旧是把属相当成了“属性”，将属虎当成了“虎”。

属相论命不足信

生肖者，顾名思义，生辰的肖物也。十二生肖以动物表示年份，有时也用来表示月份或日期。生肖迷信，说到底是关于生辰——首先是生年的迷信。

哪种属相好？实际上是在问：出生于哪一年好？这本来是不能成立的设问，由于生肖将出生年份形象化，年份形诸十二种动物，这样的设问似乎变得可问可答、有问有答了。

以属相论命，不过是对于生肖动物的想象而已。举文艺作品记录的例子，题为《告别》的短篇小说（载1987年8月6日《文艺报》），描写耄耋老太去看望卧病的女儿：

这就是她的女儿。属鸡的，该是六十四岁。老人还记得，她是早上生的。邻家就说：早鸡劳碌命。她果然一辈子都像陀螺似的旋转着。

这当是采于民间的一笔。“早鸡劳碌命”，因为鸡报晓，早晨要啼鸣，正是司职时分。推及早晨出生的属鸡人，此时鸡不得悠闲，人也

鸡

就是忙忙碌碌的命了。

河北作家何申为1999年3月2日《今晚报》副刊撰文，也记录了民间的这类说法：据我岳母那些老太太讲“三月羊，跑断肠”（吃不饱）、“六月龙，发水忙”（劳累过度）、“腊月羊，饥与苦”，这是说某属相中月份不好的。还有时辰呢，上午生的马，得去拉车，不如吃夜草的马；早上的猪，又渴又饿嗷嗷叫，天黑的猪，吃饱了舒舒服服睡觉；鸡打鸣往上叫那一嗓子时生的，就比往下哼叽时生的运气好。这些说法多了去了。你要信这个，你就得拣“八月的猴”、“过年的鼠”这些吃喝不愁的时候生孩子。

这段文字写得挺幽默。民间以属相论命，看时辰，也在月份上做文章。然而，不管是属猪者“天黑的猪，吃饱了舒舒服服睡觉”，还是“过年的鼠”吃喝不愁，都是基于对生肖动物的联想。

这样的例子，作家赵大年在《曾经沧海》一文中记述作家邓友梅的故事，写到两人属羊：邓友梅与我同庚，“属羊的，他大几个月，春天的羊有草吃，11岁就参加革命工作……我是秋后的苦羊，没草吃，当了小难民”。这诙谐的语言，显然是借鉴了民间关于生肖的想象。

由属相而动物，产生这样那样的联想，可以是迷信，也可能不过笑谈调侃而已；然而，更有所谓“败月”或“犯月”之说，将那联想化为一种颇有些吓人的形式，就只能归之于迷信的观念了。败月、犯

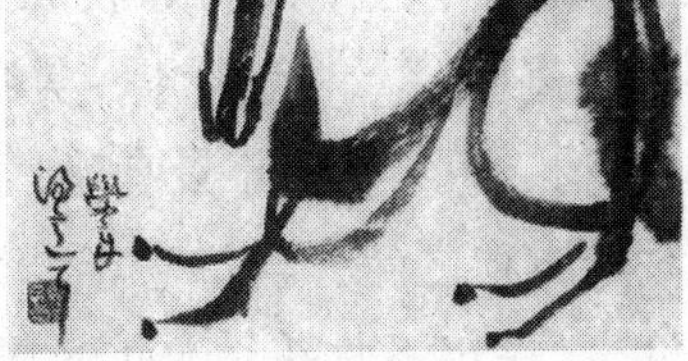

羊

月，指生月与属相不合，与本命相克。1944 年陕西《中部县志》载“十二属犯月”歌谣：

十二属相犯月。生年属相与月份相同，谓之“犯破月”，命不佳。其歌诀云：正蛇、二鼠、三牛头，四猴、五兔、六狗头，七猪、八马、九羊头，十月鸡儿架上臭，十一月虎儿串山走，腊月老龙不抬头。

属蛇者生于正月，属鼠者生于二月，属牛者生于三月，等等，都被说成是生月不好。关于虎的那一句，有的地方又做“十一月的乏虎满山游”，修辞更生动了。

应该说，属相只是生年的符号，而人生际遇与生肖是没有必然联系的。一个人的属相既不可能给别人带来相生或相克的影响，也不可能预示本人的休咎祸福。

“牛马年，好种田”

鼠年牛年、虎年兔年，哪种生肖年地里的庄稼好？对此，民间自古有不少说法流传。流传最广的。是俗谚“牛马年，好种田”。也有兼顾丰歉的，1929 年河北《新河县志》记民谚：“牛马年，多种田，防备鸡猴那二年。”并载注解：“牛、马年多丰收，鸡、猴年多歉也。”这种俗谚的版本很多，不尽一致。在山西一些地方，“牛马年”传为“羊马年，好种田”，或“羊马年，广收田”。1931 年《卢龙县志》则记唐山一带民谚：“牛马年，好种田，准备猪猴那二年。”并释：“言牛马年主丰，猪猴年主歉也。”

山西的俗谚，说到八种属相年。中阳民谚：“羊马年，管种田，鸡猴年，不收田，要吃好的等狗年。”武乡民谚：“鸡猴年圪松田，兔儿年上笑哈哈。”圪松田，讲鸡年猴年没有好收成。晋城民谚：“蛇儿年，窟窿年，猪狗年，邋遢年。”“兔娃年，笑呵呵，牛头虎尾定干戈。”好年景有羊、马、狗、兔年，差年景有鸡、猴、蛇、猪、狗年。

讲到八种年份，对于属狗之年，既说它丰，又说它歉。这就像湖北俗谚对于龙年的评价。“蛇年不收花，龙年光塌塌”，讲蛇年雨多成灾，龙年缺雨干旱；“打过龙蛇年，就是活神仙”，甚至说熬过龙年蛇年，便会有吃饱肚皮的好日子。龙年就这么不济？似乎又不尽然，你看：“龙年是个筐，吉凶祸福都可装”。谁说辰龙只是带来坏年景？

纵观这类谚语，相互矛盾之处不少。靠天吃饭的中国农业，真的可以把这些谚语当做中、长期天气预报，借以预知未来的风调雨顺丰收年吗？恐怕未必。对于民间这些说法，讲它们是长期生活经验的结晶，应是不错的；可是，问题的关键在于，年景丰歉的周期性规律是不是以十二年为周期？如果丰年、平年、歉收年，不是十二年一往复的话，这类谚语的准确性就难免要大打折扣了。

已有农业科技人员在进行生肖年与农业气候方面的研究。1985 年 4 月 17 日《吉林日报》头版刊登报道：省农业科学院低温冷害研究室的专家们，研究自 1909 年以来的 12 个“牛马年”的气象资料，认为“牛马年，不一定好种田”。这项科研的主持人潘铁夫，长期在吉林从事农业气象研究。他通过对长春地区 74 年间温度、降水量资料的统计分析，归纳出未羊年温度高、申猴年温度中等、丑牛年雨水多等若干条。潘铁夫认为，总地来说，不同地支（属相）年份，以未（羊）年、寅（虎）年和卯（兔）年为好；辰（龙）年和申（猴）年雨水少，对中东部有利，对西部不利；丑（牛）年和午（马）年雨水多，对西部有利，中东部容易出现涝灾；戌（狗）年和巳（蛇）年气候条件中等；酉（鸡）年、亥（猪）年和子（鼠）年气候条件差。

怎样看待这样一些材料呢？首先，它与农谚“牛马年，好种田”不一致，而这一农谚在长春当地是有流传的；其次，若以农谚“羊马年，多种田，预备着鸡猴那二年”相对照，且不说马年与猴年，只讲羊年的好年景、鸡年的差年景，还是所言不错的。这就告诉我们，这类生肖农谚毕竟是经过千百年流传的，它们或许在某种程度上反映了一代又一代人经验的积累。对于这样一种经验积累，目前还没有科学意义上的解释，也就使这类农谚仍旧停留在经验的层面。从另一个方面看，这些农谚也许压根就不是对于规律性的认识，所以它记录的经验，在有的年份可以经受实践的考验，在有的年份里则又是与实际情况相背离的。

几龙治水和几牛耕田

对于年景的展望，可有诀窍？在几千年农耕时代里，这实在是令人们孜孜以求的事。由是，除了“牛马年，好种田”之类生肖农谚的流传，古人还变换角度，发明了岁首占收成的方法——看“几龙治水”、“几牛耕田”，以卜丰歉。“几龙治水”，那龙说的是辰龙；“几牛耕田”，那牛说的是丑牛。

中国传统历法，干支不仅用来纪年，也用以纪日。有辰龙之年，也有辰龙之日。“几龙治水”，就是看正月第一次逢辰的日子。此说在宋代时已广泛流传，庄绰《鸡肋编》记录民间的这类说法：“历日中治水龙数，乃自元日之后，逢辰为支，即是。得寅卯在六日，为丰年之兆。”

新年伊始，第几天日支逢辰，就说这一年为几龙治水。几牛耕田，则取决于正月的第几天是第一个逢丑的日子。“几龙治水”、“几牛耕田”等，为旧时历书即皇历的必备内容。笔者搜集的一册皇历，首页头条位置印“四龙治水”。该年正月初四为庚辰日，初一为丁丑日，皇历的首页还印有“一牛耕田”。此类内容，也载于旧时的春牛图。1922年《杭州府志》说：春牛图“图中有几龙治水、几牛耕地语，皆以正初所值辰、丑日按算”。

六十甲子塑像

关于“几牛耕田”，湖北农谚讲：“一牛耕田耕不撤，九牛耕田牛有歇。”

与“几牛耕田”相比，“几龙治水”更为人们所关注。这从一个侧面反映了古代农业靠天吃饭，精耕细作虽然重要，但毕竟尚未达到人定胜天的境界，以至于修龙王庙，奉龙王爷。

古人相信龙是兴云致雨的神灵。俗信“几龙治水”，借以预测旱涝，由此而来。几条龙治水会是风调雨顺的好年景呢？《鸡肋编》说“得寅卯在六日，为丰年之兆”。寅日或卯日在正月初六，日支逢辰则在正月初七或初八，这就是说，七龙治水或八龙治水为降雨量适中的年份。俗传，龙多不治水，龙多的年份反而多有旱情。比如，湖北长阳农谚就讲“一龙水淹，十龙水干”。——这颇有点“人多不办事，鸡多不下蛋”的意味：治水龙少反倒雨水多多，这大概是基于龙少推诿也少，一龙行云布雨，分外带劲的想象吧。却又特别担心二龙治水，山西俗谚有“二龙戏水，百姓遭殃”之说。

“几龙治水”定旱涝，此说能经得起推敲吗？很难。我们知道，干支纪日以六十为周期，只不过是一种序数系列，就像1、2、3、4、5、6……依次排下，除了表示前后顺序，作为时间的刻度、日期的编号，并没有什么特殊含义。因此，尽管辰属龙派生出“几龙治水”的俗信，但其实质，也仅仅是由辰及龙、由龙及水的联想而已。天运有常，阴晴雨雪自有发展运动的规律，使得气象学成为一门科学。“几龙治水”之说，与阐述气象规律的科学学说，是两回事。

换个角度讲，中国地域广大，降雨云系往往只能控制一部分地区。在同一年份里，有些地区闹干旱，另外一些地区却出现洪涝，一年里降水量不均衡，是常有的事。可是，干支纪日却是全国同一“版本”——以同样的“几龙治水”来说明不同地域的不同降雨量，结果自然不妙。同一年份里，有的地方祈晴驱不走连绵雨，有的地方求雨求不来一丝云，人们不禁要问：到底几龙治水才好？

用水旱灾害的历史资料做验证，大约也不会为“几龙治水”之说提供支持。以天津为例。津沽地处九河下梢，对于海河流域的洪水反应十分敏感，自1900年至1948年曾六次遭受洪水之害。这六个水患年份情况是：1912 年，正月初五戊辰，五龙治水；1917 年，正月初四戊辰，四龙治水；1924 年，正月初三丙辰，三龙治水；1929 年，正月初七壬辰，七龙治水；1937 年，正月十二日庚辰，十二龙治水；1939 年，正月初六壬辰，六龙治水。六年中，有一年为十二龙治水，按“多龙多旱”的说法，当是大旱之年，却闹了洪水；有一年为七龙治水，当是雨量适中的年份，也闹了水患。1939 年水灾程度很重，但那年不过是六龙治水——似乎并不该是大涝之年。可以说，六个年份中，有三个与“几龙治水”之说不符。还应说明的是，另外三个年份，治水龙数分别为三龙、四龙、五龙，并没有一龙治水、二龙治水的年份——既然龙数越少水越大，闹了水灾的年份，不是该一龙或二龙治水吗？有必要予以说明的是，从 1900 年起的 49 年间，属于一龙治水的年份有 6 个。

再换个角度看：是不是治水龙数为三龙、四龙、五龙之年，容易发生水灾呢？情况也非如此。以上所谈 48 年间，三龙治水年份 2 个，四龙治水年份 5 个，五龙治水年份 5 个，共计 12 个。这 12 年里，有 3 年发生水灾，与未有水患年份之比为 1:3。

因此可以说，不管从哪方面看，所得的结论都是：“几龙治水”与旱涝灾害是风马牛不相及的两码事。

以“几龙治水”预测降雨量，这靠得住吗？古人已有这样的考虑，可见人们对于这一俗信并不都是盲从。宋代王巩《甲申杂记》说：“老人言历日载几龙治水，惟少为雨多，以其龙数多即雨少也。却大不然。崇宁乙酉凡十一龙治水，自春及夏秋皆大雨水。”所讲为北宋崇宁四年之事。崇宁三年岁次甲申，王巩始写这部笔记。第二年赶上“十一龙治水”的年份，又多雨。

在老皇历上，除了“几龙治水”、“几牛耕田”，还讲“几人分丙（饼）”、“几日得辛”。丙与辛，指干支纪日的天干，也是看其正月首次出现的日子。正月初五逢辛，就讲五日得辛；正月初十逢丙，即为十人分丙。古人在“得辛”之日祈谷，《宋史·礼志》：“景德四年以前祈谷止用上辛，其后用立春后辛日。”梅尧臣《愿嚏》诗，原注“上辛祈谷为献官”。这首诗写于皇祐四年。此年元旦戊申，戊、己、庚、辛数下来，上辛当为正月初四，也可以说“四日得辛”。

在新年的头几天，占测一年的年景，是一项古老的习俗。宋代《事物纪原》说：“东方朔《占书》：岁正月一日占鸡，二日占狗，三日占羊，四日占猪，五日占牛，六日占马，七日占人，八日占谷。皆晴明温和，为蕃息泰之候，阴寒惨烈，为疾病衰耗。”岁首八天，每日主一物，可借以占测一年之光景。其日晴，所主之物无灾，阴则有灾。照此俗信，如果要占得六畜兴旺，就需要新年最初六天均为晴晴朗朗好天气；若占得五谷丰登，则正月初八这天万万不能阴云密布。将此俗归于汉代东方朔，似不足信。如明谢肇淛《五杂俎》所指出的，“此虽出东方朔《占书》，然亦俗说，晋以前不甚言也”。并且，本为七日，增出初八谷日，也是后起的风俗。

“正月一日占鸡，二日占狗”的风俗，从形式上看，虽与“几龙治水”、“几牛耕田”不尽相同，但其思路却是如出一辙的，那就是将岁首的某一天与这一年的年景联系起来，尽管这二者之间其实并没有什么内在的联系。

同为岁首占测，与上述有所区别的，倒是宋代周去非《岭外代答》所记南、北盘江流域及右江上游山居民族的习俗：“岁首以土杯十二贮水，随辰位布列，郎火祷焉。经夕，集众往观，若寅有水而卯涸，则知正月雨二月旱。”郎火，指村民中的头面人物。人们在他的操持之下，用十二个土杯盛水，并按十二地支的方位摆放，过夜后，看各杯中水的有无，占测十二个月份里哪个月多雨，哪个月少雨。“几龙治水”与“一日占鸡，二日占狗”占的是年景，而这十二土杯占的是月份。

从“石敢当”说到巧借属相日

我国传统风俗，自唐宋以来，民宅府第大门口常常立一块镌字“石敢当”或“泰山石敢当”小石碑，有时则将其嵌砌墙体，用来镇鬼邪，驱灾祸。民间以石敢当为避除不祥的神，如明代《姓源珠玑》所说：“必以石刻其志，书其姓字，以捍民居”。“石敢当”三字的出处，见于汉代史游所作蒙童识字课本《急就章》："师猛虎，石敢当，所不侵，龙未央"。

"师猛虎，石敢当"，或许以此为由头，有些地方的石敢当碑石，要刻画虎头。古人传说老虎为食鬼逐魅的神兽，石敢当借虎增威。同时，并没有忽略龙。借龙借虎，20世纪50年代台湾《基隆县志》记，"凡凿刻石敢当，须择冬至日后甲辰、丙辰、戊辰、庚辰、壬辰、甲寅、丙寅、戊寅、庚寅、壬寅，此十日为龙（辰）虎（寅）日"。属龙属虎的日子凿刻，石敢当才灵验，此说出自旧时广为流传的《鲁班经》：

凡凿石敢当，须择冬至日后甲辰、丙辰、戊辰、庚辰、壬辰、甲寅、丙寅、戊寅、庚寅、壬寅，此十日乃龙虎日，用之吉。至除夕用生肉三片祭之，新正寅时立于门首，莫与外人见。凡有巷道来冲者，用此石敢当。

十二生肖辰属龙、寅属虎。六十甲子一循环中，每种地支各出现五次。也就是说，每六十天中辰龙日、寅虎日各五天。《鲁班经》所谓"此十日乃龙虎日"，包括了冬至到除夕地支逢辰、逢寅的日子。

刻就的石敢当，把它立到大门外，要选"新正寅时"。这是新年第一天——古代历法，正月建寅，可以讲是属虎的月份；还要选元旦的寅时，也是着眼于寅属虎。石敢当如此崇虎，主要出于驱邪用猛兽的想象。

虎之凶猛，代表着一种力量，就有了借助虎威上战场的遐想。云南《宁蒗县普米族宗教调查》记：普米族以十二生肖纪日，过去与外

虎

族交战，总要选在虎日，以此“表示具有虎威，能克敌制胜”。在宁蒗，纳西族的支系摩梭人也有此说法：“订虎之日出征，表示具有虎威，能克敌制胜”。

选寅日，选虎日，都是对于生肖文化的运用。求平安，求胜仗，希望借虎之威，却又不可能驭虎而行，于是属虎的日子便被赋予一种特殊的意义——仿佛选在寅日、虎日行事，就好像有虎同在、得虎之威了！当然，这一切都不过是基于对生肖纪日的联想，不可以当真的。

对生肖日的联想，派生了诸多风俗事项。这里略举一二：

子为鼠。农历正月第一个子日，朝鲜族同胞有熏鼠火风俗。逢此日，农家孩子们在田埂上撒布稻草并点燃。此俗有利于灭田鼠灭害虫，草木灰还可以肥田。同时，又具有心理上的意义，这意义的获得就在于非子日不熏——日子属鼠，且选在新年第一个属鼠之日。在这一天燃起熏鼠的烟火，其象征性使人们得到了心理上的告慰。

丑为牛。浙江西部地区民俗，宰猪忌说“杀”，而称为“出栏”。出栏的日期，要选地支逢丑的日子，忌子日。民间讲，这是为了避免来日养猪小如鼠，祈求养猪大如牛。

寅为虎。道教祈神，举行斋醮虎矫仪式，要选虎日。《太上登真三矫灵应经》说：“凡用虎矫者，先斋戒七日，于庚寅日夜半子时立坛。”

辰为龙。生活在建水县的哈尼族，以农历正月第一个属龙的日子为“奥玛啊节”，一项重要的活动是祭龙。

午为马。土家族风俗，岁首举行驱邪送瘟的祭祀活动，称为“跳马舞”。要扎制竹篾“假马”，到山林土地庙去“许马”，要跳“马舞”以祈神。这一祭祀活动的日期，是每年正月十五以后第一个属马的日子。

申为猴，酉为鸡。哈尼族以十二生肖纪日，选在鸡日或猴日举行捉蚂蚱节。捉蚂蚱节的节期，通常在农历六月二十四后第一个鸡日或猴日。此时正值稻田需要灭虫之际，节日与农事融为一体，男女老少一齐到田间捉虫。选在鸡日、猴日，缘于十二生肖中鸡食虫、猴灵活善于捉虫，以取象征意义。

戌为狗。古人以狗精为司风之神。汉代祭风伯，“以丙戌日祠风伯于戌地”，见《后汉书·祭祀志下》。

对于生肖日的联想，还有不同于上述例子的另一种思路。四川傈僳族风俗，婚礼大都选在属兔、羊、马、鼠、牛等几个黄道吉日，忌讳在属猪这天办喜事。因为猪为亥日，“亥”谐音“害”，人们认为这天不吉利。“亥”“害”之说，由属相推及地支。

第五章

艺术作品中的十二生肖

十二生肖诗文

寓教于乐的儿歌，是人生启蒙教材，是一代代人最早接触的韵语文学形式。各地的儿歌往往都有关于十二生肖的内容，这从一个侧面反映了生肖文化的大众性和普及性的特点——它是生活的常识，是必修的一课。

十二生肖

生肖儿歌，丰富多彩。仅举我国台湾南部地区的一首儿歌为例：

一鼠贼仔名，二牛驶犁兄，
三虎爬山崎，四兔游东京，
五龙皇帝命，六蛇受人惊，
七马跑兵营，八羊吃草岭，
九猴爬树头，十鸡啼三声，
十一狗吠客兄，十二猪菜刀命。

十二生肖

由子鼠到亥猪，也是编了序号的。这样的儿歌便于童稚记住生肖顺序，对学会以属相推算年龄是有帮助的。同时，又对十二种动物做了扼要而形象的概括，鼠窃故称“贼仔名”，牛为耕畜便叫“驶犁兄”，都是符合常识的传唱。“五龙皇帝命”，告诉孩子十二生肖中辰龙排位第五，至于“皇帝命”则是化庄为谐地将“皇帝为真龙天子”之说搬进儿童歌谣，逗乐开心。

成年人做诗，比才思赛技艺，游戏文字的，有十二生肖诗。南朝人沈炯就曾写过《十二属诗》，流传下来，成为今天能见到的最早的一首生肖诗：

鼠迹生尘案，牛羊暮下来。
虎啸坐空谷，兔月向窗开。
龙隰远青翠，蛇柳近徘徊。
马兰方远摘，羊负始春栽。
猴栗羞芳果，鸡跖引清杯。
狗其怀物外，猪蠡窅悠哉。

这首五言诗，每句首字为生肖，十二句依次列十二属相，这是一首藏头诗。

唐诗写生肖，李商隐有一首《行次西郊》：“蛇年建午月，我自梁还秦。”这是实录于生活的一笔，写到属蛇年的五月。宋代苏辙《守岁》诗写到生肖：“於菟绝绳去，顾兔追龙蛇。奔走十二虫，罗网不及遮。”“於菟”为虎的别称。诗人感叹岁月流逝，依次写到虎、兔、龙、蛇四个属相。

宋代朱熹《读十二辰诗卷掇其余作此聊奉一笑》是一首生肖诗。明代胡俨也有生肖诗，抄录如下：

鼷鼠饮河河不干，牛女长年相见难。
赤手南山缚猛虎，月中取兔天漫漫。
骊龙有珠常不眠，画蛇添足实为累。
老马何曾有角生，羝羊触藩徒忿嚏。
莫笑楚人冠沐猴，祝鸡空自老林丘。
舞阳屠狗沛中市，平津牧豕海东头。

古代的生肖诗，一般说来并无多么深邃的意境。它好似一种文字的游戏，要将十二生肖镶在诗句里，往往还要用典。因此，如要写得好，胸无点墨也是不成的。

生肖诗大都是文化人的笔墨，很难在文人圈子之外流传。可是，文人们的雅兴，樵夫村姑未必沾不得边。把十二句俗语串在一起，一首“下里巴人”的十二生肖诗便创作出来，在民间流传更广：

老鼠不留隔夜粮，水牛身上拔根毛，
画虎不成反类犬，兔子不吃窝边草，

天龙难斗地头蛇，打蛇要打七寸处，
好马不吃回头草，羊毛出在羊身上，
青肚猴子教勿乖，偷鸡不成反蚀米，
打狗要看主人面，千年野猪老蚀食。

每一句都是万众传讲的熟语，被组合为生肖诗歌后，原本的光彩未丢，又在交相辉映之中，有了新的光彩——生肖文化带来的情趣。

古代流传下来的文学样式，与诗相近的是对联。浙江旅游胜地莫干山，前些年辟出一处石雕十二生肖公园。公园进口建起石牌坊，左右立柱上刻着楹联：上联“子丑寅卯辰巳午未申酉戌亥”，下联“鼠牛虎兔龙蛇马羊猴鸡狗猪”，横批“生生不已”。且不讲平仄，从内容上看，这绝对是一幅对仗工稳的联语。

联语本是组成诗歌的重要形式。当在辞旧迎新之际，在楹柱或门扇上贴了充满诗意的吉词颂语时，人们往往会想起送走的鼠年、迎来的牛年，虎年过后是兔年，等等。于是，生肖入联为岁首另增一番情趣，也为新春平添一番文趣。

十二生肖都是可以入联的。“鼠去人安泰，子来国富强”，鼠年联；“辰居其所群星拱，龙舞于天万国歌”，龙年联。这两副对联的特点，是上下联分别嵌入地支与属相。

有的对联，上下联中嵌入新年的干支。如，“己岁九州添百福，巳蛇大泽吐灵珠”，这是己巳春联，六十年一甲子五个蛇年，只有己巳年可以用。“庚枢献瑞城乡乐，午马腾空气象新”，岁次庚午的专用春联。

也有以旧岁新年嵌入联语的，如：“兔送东风周九地，龙迎瑞雪庆元春”，这是龙年联；“龙勺酒浆辞旧岁，蛇纹琴韵迎新年”，“辞戊辰金龙述职，迎己巳银蛇报春”，前者为一般的蛇年联，后一副为己巳辰年联。这类春联中，有一副马的春联，“春自巳年蛇尾起，旦从午岁马头生”，写蛇年、马年的交替，既传神又有趣。

还有只以地支入联的生肖春联。如“万千禽兽尊为子，十二生肖独占先”，这副鼠年春联，并不见一个“鼠”字。

除夕之前贴对子，到了正月十五该闹花灯了——灯谜也常以生肖增趣味。明代冯梦龙编纂的笑话集《广笑府》，录有一则：“月在半天，女子并肩，火烧羊脚，鸡立水边。”每句打一个字，谜底是：有好美酒。其中“鸡立水边”为“酒”，鸡属酉。

巧用生肖，奇趣天成，这样的谜语不胜枚举。马三立的相声《写对子》：“兄弟十二我行七，四六推倒二十一。”前一句猜“马”，十二生肖中午马排在第七位；后一句猜“三立”。这是艺术家在拿自己的姓名调侃。纸上写个“辰”字，再画个圈将它围起来，打戏剧名词一。谜底：龙套。这也是以生肖入谜创制出的佳作。

时至今日，辞旧迎新之际，一派节日气氛之中，总少不了生肖谜语带来的缕缕喜气。谜面：牛年除夕之夜，打影片名三；谜底：《等明天》、《虎将》、《在人间》。谜面和谜底，用丑牛退位、寅虎值岁的意思来维系。还有这样一道谜，是仅限于龙年应景的——谜面：除夕晓钟庆新年，打我国当代名人一；谜底：贺龙。以“作文送庚辰迎辛巳”为谜面，打一成语，谜底是“笔走龙蛇”。“鸡年成旧岁”，这是一个谜面，猜一个字：醋。

古人笔下的刑侦办案小说，有时不免搞一点神秘主义的小伎俩。比如，借用生肖编织猜谜一样的情节，离奇又有暗示。

唐代牛僧孺传奇小说集《玄怪录》所载《尼妙寂》是一篇破案故事。叶妙寂是浔阳富商的女儿。她的父亲和丈夫外出做生意，一去不归。几个月后，叶妙寂梦见父亲披发裸形，流血满身，对她说湖中遇盗被杀，“杀我者，车中猴，门东草”。妙寂百思不得其解。直到有一天，有个名叫李公佐的人，为他解出：“杀你父亲的凶手名叫申蘭。”并解释说：申属猴，“車”去两头，且有猴，暗指“申”字；“草而门，门而东”，正是一个“蘭”字。此后，叶妙寂女扮男装，花了几年的时间，在一处名叫申村的庄子中找到凶手，向官府报案，报了仇。

借助属相关系，构思故事情节，这样的古代小说为数不少。唐代裴铏《传奇》以“南山斑寅将军”暗指虎怪。宋代小说《陈巡检梅岭失妻记》，描写一个掠人妻女的猴精被除掉的故事。故事中的猴精自号“白申公”，住在“申阳洞”。元杂剧《西游记》中，猪精自我介绍：“生于亥地，长自乾宫……”至明代，吴承恩将《西游记》写成长篇

猴

小说，仍可见这一情节的影响，书中就有“木生在亥配为猪”之类的描写。明代小说《金瓶梅》，写人物往往以属相交代年龄，十二生肖几乎都写到了。如：申二姐自言“属牛的，二十一岁了”，潘金莲讲“奴家虚度二十五岁，属龙的”，等等。粗略统计，《金瓶梅》全书二十余处写到生肖。出现的情节环境，可分为几类，其中单纯用来表示年岁者，大约仅占三分之一；用于算命、禳解、媒妁换帖、丧葬等场合者，占了三分之二的多数。《金瓶梅》艺术地反映了明代社会习俗，其对于生肖风习的描写，是弥足珍贵的生肖文化材料。清代小说《红楼梦》被誉为中国封建社会的“百科全书”，自然少不了生肖文化的“条目”。描写秦可卿丧事，“一时只见宁府大殡浩浩荡荡、压地银山一般从北而至”，渲染一个大场面。这关口，曹雪芹用笔诡秘地写下一段文字，将十二生肖尽寓其间。小说第五回“贾宝玉神游太虚境”，看到“金陵十二钗正册”，其中一册写有“三春争及初春景，虎兔相逢大梦归”字样。“虎兔相逢”借用生肖，暗示贾元春的命运结局。清代百回长篇小说《镜花缘》写到生肖习俗，书中人物痛快淋漓地鞭笞了婚姻习俗中的生肖相生相克的迷信。

美术为生肖造形

中国传统美术作品不乏生肖题材。比如铜镜。古代有一类铜镜，是被作为避邪法器而铸造的。这类铜镜往往要铸上许多具有符号意义的纹饰。隋代王度写过一篇《古镜记》，说那是一面神乎其神的铜镜，“凡遇精魅，照之无不变形立毙，魔怪称为‘天镜’”。王度描述这面镜子的铸纹，四灵龟龙凤虎，八卦符号，二十四个字象征二十四节气，还有一组符号——“十二辰位而具畜焉”，铸有子鼠丑牛十二生肖。

隋唐两代是铸造生肖铜镜的高峰时期，相关文物很多。长沙出土的唐代十二生肖镜，圆心铸龟形，内圈排八卦符号，外圈排十二生肖。其十二生肖动物造型生动，灵气飞扬，极富动感，是一件珍贵的艺术品。

生肖古币

生肖古币：子鼠

比铜镜小而铸有生肖图案的还有古代钱币。生肖币为古代厌胜钱的一种，又称命钱、十二支钱。生肖钱或者十二生肖铸于一币，或者四属相同图，或者单以一种生肖做图案。以用途分类，一类为具有明显的厌胜避邪特点，如天师驱鬼钱，一面为十二支字及生肖，一面为天师驱鬼图，并有“张天师”字样。

另有一类，以“长命富贵”、“福德长寿”、“加官进禄”等为内容，且称之为祝寿祈福钱。这枚“福德长寿”钱，有“本命元神”字样，并铸有星官及鼠，这是属鼠人祈福的命钱。

铜镜铜钱的纹饰，可归为浮雕艺术。这里再来说说十二生肖俑。以生肖俑为冥器的丧葬习俗，兴盛于隋唐。

生肖俑的造型，通常有四种形式。一、塑为人抱生肖动物之形，例如：子鼠俑状为坐翁抱鼠，丑牛俑状为坐翁抱牛，等等。二、人身兽首。陕西历史博物馆所藏唐代十二生肖俑即为此类造型，如蛇俑，蛇首人身，长袍广袖，立于基座之上，一副彬彬有礼的样子。三、生肖动物趴在人物头顶上。四、径用十二属相动物造型。

墓壁画也有用生肖图案的情况。1980 年在太原南郊一座北齐墓发现的壁画包括这样的题材。壁画上的生肖动物按十二支方位排列，正北画子鼠，相邻有丑牛，寅虎、卯兔在东壁，虎左兔右，中间夹着个神兽。所绘图像极生动，可惜壁画已残损，仅残留鼠、牛、虎、兔四生肖。

民俗美术品为生肖造像，还应介绍各地的面食造型。在山东荣城一带，流传正月十五的“捏属”习俗。每逢此日，家家用豆面捏属相，欢声笑语。生肖动物背上要捏个小碗，以备盛油装灯捻儿，可以点燃。

陕西华县为新生儿过满月或“百岁”，有送十二生肖礼馍的风俗。礼馍蒸制成各种造型，以白面本色为主，浑然质朴。

浙江风俗，举行“斋天”活动时，供品糕点要捏制十二生肖造型。斋天，就是祭天，表示对天神的崇敬，祈求天神保佑风调雨顺，五谷丰登。

民间美术表现生肖题材，较为常见的形式还有剪纸。剪纸以透与隔、虚与实的对比，在平面上造型，自古广泛流行于民间。许多剪纸

山东民间剪纸

图案代代因袭，辈辈传承，千百年里很少变化。这使得民间剪纸中积淀着丰富的古代民俗信息，研究者甚至称其为“活文物”。

村姑农妇剪刀下创作的十二属相形象，不仅造型朴拙而淳厚、妙趣天成，具有艺术价值，并且反映着风土民情，具有民俗价值。生肖剪纸样式很多，有兽首人身者，如拱手而立的子鼠，身着长袍，一副雍容华贵的气派。还有以“喜”字、“福”字、寿桃为衬底的生肖剪纸，可作为贺喜事、祝寿诞的礼品。这幅巳蛇剪纸，称为“多财生肖”——其衬底图案是古币形。

生肖剪纸之外，还有十二生肖画。

怎样界定剪纸或画所表现的是动物，还是生肖呢？画一张鼠、一幅牛，所勾勒的可能是生肖，可能不是。画鼠题“子”，绘牛题“丑”，就必然是生肖画了。虽未见地支子丑寅卯，画幅之间，鼠牛虎兔、龙蛇马羊、猴鸡狗猪十二种动物聚齐，不管是单幅还是多幅，观者往往会眼睛一亮：十二属相。生肖图画区别于动物图画的特点，重要的一条，就是十二属大团圆。十二生肖是一个独特的序数系统。古人既用它表示无限的时间，十二时、十二月、十二年；又用来表示方位，空间无垠，天之圆，由它分割周天，地之方，由它标示四面八隅。因此，传统民俗讲十二生肖，最重集体亮相，缺一不可，这不仅表示圆满，其含义更在于绵延不绝，生生不已——十二生肖周而复始，循环无穷，彰显永远的生命力，表现享不完的福分、纳不完的吉祥，没有尽头。民间剪纸和年画，将十二属相作为祝吉避邪的题材，其意义正在于此。

这样的民俗心理，影响了美术家的创作。本来从不勾画的动物，只是由于十二生肖的缘故，也就系于笔端了。比如齐白石，他平生难得画龙，有一次他却满纸水墨画了龙。促成这好事的，是一套十二生肖组画。对此，85岁的齐白石有一段题画文字："蔚三先生既藏予画多，又欲索画十二属。予以有未曾见者龙，不能画……"但最终，他还是画下龙，画下柏羊、草蛇、游猪，画下他平素较少涉笔的狗和马，完成了一套生肖组画。凑齐十二种生肖以应民俗的同时，齐白石对于自己的画作还另有赋予。画犬，他题"吠其不仁"；画猴，他题"既偷走又回望，必有畏惧，倘是人血所生，必有道义廉耻"，这就增加了作品的文化含量。

因为十二生肖，画家扩大自己的题材领域，这样的例子还可举徐悲鸿。徐悲鸿1945年创作的《十二生肖册》，半个多世纪后被"发现"，在美术界引起诸多好评，置评者包括徐夫人廖静文、原中央美术学院院长靳尚谊等。这些评论除着眼绘画技法外，大都言及徐悲鸿《十二生肖册》里画了他本人很少画或未曾画过的动物，如鼠、蛇、龙、狗等。一位美术评论家甚至统计出，"加上这套册页新见的龙和狗"，使得徐悲鸿画过的动物达到36种。

徐悲鸿擅长画马，齐白石精于画虾，即便涉猎很广的大画家，往往也是"业有专工"，各有拿手的好戏。然而，生肖文化却有这么一种魅力，让画家超越自己，为表现以"十二"为数量的生肖大团圆，将笔触投向十二种动物，一显摹形状物的功底。

十二生肖画由来已久，通常有三种形式。一是画十二种动物，如徐悲鸿、齐白石所绘；一是画十二个相关典故，如东坡赋鼠、牛郎织女、济公伏虎、兔魄流辉、画龙点睛、高祖斩蛇、伯乐相马等；再有便是并非典故的人物动物画，如清代杨柳青年画有一组四扇屏，为十二幅仕女、娃娃、观赏动物图案——画中动物，每幅一种，排为十二属相。

一岁一个吉祥物

子鼠丑牛，寅虎卯兔，属相十二种，像十二个快活的小精灵。中国传统历法纪年，被它们表现得童话般富有诗意：龙值岁，蛇领班，马做过四季的统帅，三羊（阳）开泰又过年……

每逢春节，都有一个新属相，带着祝福，来做吉祥物。天津年俗，生肖文化的话题很多，城乡民间的生肖剪纸、杨柳青的十二属相年画，都是应节美术品。画面构图美，镌字语意吉，清代杨柳青印制的生肖屏条就保留下珍贵的民俗资料。这一组年画屏条，十二生肖分别构图，画面为仕女旁观娃娃戏生肖，各有四句诗。如“鼠年造作主荣昌，此物居头定永康，以后时和兼岁好，六亲丰足更坚强”；如“牛年造作置田园，万顷春耕事益繁，四海农夫歌大有，荣华宝贵自迎门”……十二属相都是吉祥物，都有吉祥话。

迄今发现记载十二生肖的最早文献是秦简。这一古老的文化传承，具有与时俱进的生命力。尽管平安夜、圣诞节的西俗，十二星座“洋生肖”，为时人所追捧，十二属相照样不“冷”且“热”。生肖文化热，一年胜一年。人们乐于早早地迎接新属相的祝福——从正月初一提前到新年元旦，从农历腊月提早到阳历岁暮。其实，去年属鸡，今年属狗，明年属猪，是要论农历的，春节才是生肖年的起点。

不管是用猴名岁，还是以鸡称年，总有相应的吉语祝词。牛年说勤劳，马年讲争先，虎年虎虎有生气，龙年祝腾飞。鼠和蛇的形象似乎欠佳，不过请放心，照样大有说头。逢鼠年，讲一讲老鼠嫁女，唱一唱童趣儿歌“小老鼠上灯台”，还有那可爱的米老鼠，虽为舶来，人气并不低。到了属蛇的年份，民间会说那是白娘子的本命，又称蛇年为顺年——寺庙中四大天王塑像，分别手持剑（锋，谐音风）、琴（调）、伞（雨）、蛇（顺）。2001 年农历辛巳，春节前百名属蛇的儿童赛书法，都写一个“顺”字。至于岁次丙戌，讲神话盘瓠狗国，说故事黄耳传书，可算古典；时兴的拜年话，“旺财福犬”、“旺旺年”、“大旺年”，早被揣摩消费者心理的出版商相中，印在红红绿绿的生肖挂历上。蛇年“顺”，取形；狗年“旺”，谐音。

一年一度说属相，生肖邮票是重头戏。邮票为国家发行的邮资凭证，从题材选择到图案设计，都体现着国家级水准。生肖邮票的发行日期选在每年 1 月 5 日，新年伊始，春节在即，生肖邮票适逢其时地向大众报告新春的消息。

生肖邮票、生肖年历、生肖钱币，大众化的形式还有生肖贺岁卡。民俗所重，各种媒体也就顺势而上。《今晚报》“羊年集金羊”活动，为读者大增情趣，随后“猴年集金猴”、“鸡年集金鸡”，一年接一年。传媒之外，更有商家。“麦当劳”发放生肖图片，“可口可乐”易拉罐马年印马，这些外国品牌在寻求中国消费者的兴趣点时，都看到了生肖文化的魅力。此外，商场发送生肖对奖卡，公交发行生肖乘车卡，银行推出生肖礼仪存单。商业的炒作，使得每个生肖年的民俗趣味点被放大了。在商业的造势之中，生肖文化被借用，同时得到了回报——它并未被挡在信息社会大门之外。它春风得意地漫步于市场经济时代，没有丝毫的隔膜感，只是惊喜地发现所面对的，是远远超越农耕时代的广阔空间。

猴年邮票